예수가 주인이시다

당신이 하나님을 더 깊이 알아 가고 더 널리 알리는 사람이 되는 것, 이 책에 담긴 예수전도단의 마음입니다. 말씀을 통해 저자가 깨닫고, 원고를 통해 저희가 누릴 수 있었던 그 감동이 책을 통해 당신에게도 전해지기 원합니다. 그리고 당신을 통해 그 기쁨과 은혜가 더 많은 이들에게 계속해서 흘러가기를 기도하겠습니다. 이 책을 통해 당신이 받은 은혜를 다른 분들에게도 나눠 주십시오. 사랑하고 축복합니다.

ⓒ 2015 권기호

본 저작물의 한국어판 저작권은 도서출판 예수전도단에 있습니다.
저작권법에 의해 보호받는 저작물이므로 무단 전재와 복제를 금합니다.

당신이 무릎 꿇어야 할 오직 한 분

예수가 주인이시다

권기호 지음

예수전도단

차례

서문 6

chapter 1 : 나는 내 주인이
누구인지 늘 망각한다 11

chapter 2 : 주님이 주인 되셔야
나도 제자리를 찾는다 43

chapter 3 : 나는 자꾸만 주인의
자리에 앉으려고 한다 77

chapter 4 : 주님을 주인으로 인정하는 것은
저절로 되는 일이 아니다 119

chapter 5 : 주님이 주인이라면 이해할 수 없다 해도
끝까지 따라가야 한다 147

chapter 6 : 마음과 인생의 주인 자리를 놓고
　　　　　　늘 치열한 전투가 벌어진다　　　　　　167

chapter 7 : 주님께 순복하게 하시는
　　　　　　성령의 역사를 기대하라　　　　　　　189

chapter 8 : 주님이 주인 되시면
　　　　　　내가 변한다　　　　　　　　　　　　217

chapter 9 : 주님이 주인 되시면
　　　　　　우리가 변한다　　　　　　　　　　　237

chapter 10 : 주님이 주인 되시면
　　　　　　 세상이 변한다　　　　　　　　　　 267

서문

하나님 나라는
예수가 주인이신 나라입니다

예수 그리스도의 주재권(Lordship)을 사람의 논리로 설명하고 언어로 표현하기란 주제 넘는 짓이며 사실상 불가능한 일입니다. 하지만 그와 동시에 우리 일생에 가장 고귀하고 아름다운 주제인 예수님의 주인 되심에 관해 책을 쓰는 것은 무한한 영광이며 과분한 특권입니다.

마침 이 책을 집필하고 출간하는 기간에 저는 그리스도인이자 사역자로서 하나의 시즌을 접고 또 하나의 새로운 시즌을 맞이하게 되었습니다. 모든 것이 하나님의 선물이자 은혜였던 제주 열방대학에서의 시간을 마무리하면서 저는 제 삶을 향한 예수 그리스도의 주권과 다스리심을 더욱더 분명하게 경험하며 확신할 수 있었습니다.

우리가 고백하며 살아내는 기독교 신앙의 중심에는 예수 그리스도의 십자가와 부활하신 주님의 통치하심이 있습니다(행 2:36). 우리는 십자가에 못 박혀 죽으신 예수 그리스도와 함께 죽었고, 사망 권세를 이기고 부활하사 모든 권세를 취하신 주님과 함께 살아난 사람들입니다(갈 2:20; 마 28:18). 그럼에도 불구하고 한국교회는 '구원받아 천국에 가는' 복음, '이 땅에서 복 받고 소원 성취하는' 복음에만 매달려 있습니다. 교회의 강단과 기독교 서점에서 수많은 메시지와 책이 쏟아져 나오고 있지만, 예수 그리스도의 주 되심에 대한 이야기는 만나 보기 어렵습니다. 예수 그리스도가 개인과 공동체와 교회와 사회와 나라와 열방의 '주인'이시라는 복음이 얼마나 인기 없으며 외면당하고 있는지 우리 자신이 가장 잘 알고 있습니다.

주님은 우리에게서 무언가를 빼앗기 원하시는 분이 아닙니다. 주님은 괜히 하나님을 믿게 해서 가난하게 하고 고생시키는 것을 즐기는 분이 아닙니다. 성경 어디에도 우리 인생을 향한 하나님의 계획이 재앙이라는 말씀은 없습니다. 오히려 주님은 우리에게 복을 주기 원하시고 우리 인생을 복 되게 하기 원하십니다. 우리를 향한 그분의 약속을 온전히 이루기 원하십니다. 다만 그렇게 되기 위해 우리가 붙잡고 있는 다른 것들을 놓으라고 말씀하시는 것입니다. 주님 앞에 신을 벗으라고 말입니다.

우리가 끌어안고 부둥켜안고 살고 있는 (하지만 우리 인생에 도움은커녕 우상이 되고 마는) 것들을 주님 앞에 내려놓고 엎드려야 합니다. 그럴 때 주님이 우리의 왕과 주인이 되시고 주님이 우리의 모든 것 되십니다. 하나님이 원하시는 것이 바로 이런 우리의 삶과 고백입니다. 이 책에 담긴 열 편의 메시지는 바로 그런 내용을 담고 있습니다.

신학 서적이나 성경 연구서는 아니지만 이 책에서 저는 의도를 가지고 접근하기보다 원래 성경이 말하고자 하는 바를 허심탄회하게 살펴보기 위해 애썼습니다. 부족하지만 제가 개인적으로 말씀을 묵상하고 경험하면서 배운 것을 나누려고 노력했습니다. 주관적인 이야기일 수도 있겠지만 제가 살아온 삶과 걸어온 길을 배제하는 것은 지금까지 저와 동행하며 인도해 주신 성령을 무시하는 태도일 것입니다. 그리고 예수 그리스도의 주인 되심이 단순한 교리나 믿음의 차원을 넘어 개인의 삶과 공동체, 사회에 어떤 영향을 미치는지 살펴보려고 했습니다.

예수가 주인이라는 진리가 21세기를 살아가는 우리에게 무엇을 의미하는지 돌아보고 싶었기 때문입니다.

이 책의 구성은 다음과 같습니다. 1-3장의 주제는 '정체성'입니다. 예수 그리스도의 피값으로 구속받은 성도가 '주인 행세'하려는 것을 짚어보고, 그리스도를 온전히 주인의 자리에 모시고 그분께 순복할 때 비로소 자신의 정체성도 명확해짐을 살펴보았습니다.

4-6장의 주제는 '훈련'입니다. 그리스도의 주재권을 인정하고 그 앞에 무릎 꿇는 것은 정서적 감화나 의지적 결단으로 할 수 있는 것이 아니라 지속적인 훈련과 영적 싸움에 뛰어들 때에만 가능한 일입니다.

7장의 주제는 '순복하게 하시는 성령'입니다. 끈질기게 고개를 들고 자기 권리를 주장하는 옛 자아를 그리스도 앞에 무릎 꿇게 하는 성령의 역사에 대해 살펴보았습니다.

8-10장의 주제는 '그리스도의 주재권이 회복될 때 나타날 결과'입

니다. 예수 그리스도가 온전히 주인 되실 때 개인과 공동체와 세상이 어떻게 변화될지 살펴보았습니다.

이 책이 부디 '주님'이라는 호칭의 원래 의미를 되찾고, '나를 위한' 복음, '천국행' 복음이 아닌 예수 그리스도가 주인과 왕이 되셔서 다스리고 통치하시는 하나님 나라의 복음이 온전히 드러나는데 작은 도구로 사용되기를 소망합니다.

그동안 저와 함께해 준 가족들에게 감사를 표합니다. 늘 옆에서 예수님을 주인으로 삼고 온전히 순종하기를 원하면서 끝까지 저를 지지해 주고 응원해 준 사랑하는 아내, 그리고 선교지뿐만 아니라 국내에서도 수십 번을 옮겨 다니면서도 불평 한 번 하지 않은 우리 사랑하는 세 아들 이낙, 다니엘, 세한에게 아빠가 진심으로 사랑하고 고맙다는 말을 하고 싶습니다.

이 책을 기획하고 출판하는데 함께한 도서출판 예수전도단의 모든 식구에게 진심 어린 감사를 드립니다.

이 책을 읽는 모든 분을 축복합니다. 당신을 통해 한국교회와 이 땅 가운데 예수님이 주인 되시는 하나님 나라가 임하고 확장될 것입니다. 예수님이 주인이십니다. 오직 그분만 주인 되십니다. 할렐루야!!

2015년 겨울
주인이신 예수의 종
권기호

chapter 4
⋮
나 　 는
내 주인이
누구인지
늘 망각한다

하나님의 명령을
거역한 사울 왕

　사무엘상 15장에는 사울 왕이 아말렉과 전쟁을 벌이는 이야기가 기록되어 있습니다. 아말렉은 이스라엘을 괴롭힌 원수들 중에서 하나님이 가장 혹독하게 다루신 족속입니다. 심지어 하나님은 그들을 천하에서 진멸하겠다고 친히 공언하셨습니다. 대체 하나님이 그렇게까지 분노하신 까닭은 무엇일까요?

　출애굽 한 후 이스라엘 백성은 광야에서 대열을 갖추어 행진했습니다. 모세는 맨 앞에서 이스라엘 전체를 이끌었습니다. 그런데 광야 곳곳에서 이방 족속들이 그들의 앞길을 막아섰습니다. 그도 그럴 것이 이스라엘이 그들의 영역을 침범했기 때문입니다. 그러면 이스라엘 백성은 타협을 해서 다른 길로 가거나 그들과 맞붙어 싸웠습니다.

하지만 아말렉과의 싸움은 좀 달랐습니다. 그들의 공격 방식이 달랐기 때문입니다. 많은 사람이 행진하다 보면, 자연스럽게 뒤처지는 이들이 있습니다. 어린아이나 노인, 출산한 지 얼마 안 된 여인, 또는 병들고 힘없는 사람들이 주로 여기에 해당합니다. 행진 속도에 맞추지 못해 겨우 뒤따라오는 사람들입니다. 아말렉은 바로 이들을 노렸습니다. 모세와 힘센 장정들이 있는 정면이 아니라, 맞설 힘이 전혀 없는 약자들이 있는 뒤쪽을 공격한 것입니다(신 25:18).

이 일 때문에 대로하신 하나님은 모세에게 "가나안 땅에 들어가면 제일 먼저 아말렉을 처단해서 진멸해라!"(출 17:14)고 명령하십니다.

하지만 모세가 죽은 뒤에 가나안을 점령한 여호수아와 이스라엘 백성은 무슨 이유에서인지 아말렉을 없애지 않았습니다. 하나님이 명령하셨는데도 말입니다. 그래서 결국 이스라엘이 왕정 국가가 된 이후 하나님이 이렇게 명령하십니다.

"나는 아말렉의 일을 잊지 않았다. 너희는 잊었는지 모르지만 나는 잊지 않았다. 어서 가서 아말렉을 쳐서 진멸해라."

가나안 정복 후 사사시대를 거쳐 사울이 왕이 되기까지 350년의 세월이 흘렀습니다. 당신은 3백 년 전의 이야기를 알고 있습니까? 조선시대 때 우리 조상과 싸웠던 이들에 관해 얼마나 알고 있습니까? 물론 역사책을 통해 조금 배우긴 했지만, 자세한 이야기에 관해서는 잘 모릅니다. 3백 년 전의 일을 우리가 어떻게 알겠습니까? 그런데 하나님은 잊지 않았다고 하십니다. 오랜 세월이 흘렀지만, 아말렉을 처단하여 없애라는 하나님의 명령은 여전히 유효했습니다.

하나님은 사울에게 그를 왕으로 세운 것이 '아말렉의 일을 기억하기' 때문이라고 말씀하십니다(삼상 15:1-2). 그래서 아말렉 족속 가운데 살아 있는 것은 모두, 어린아이와 젖먹이까지 전부 죽이라고 명령하십니다. 모든 짐승과 소유물까지 없애라고 하십니다. 광야 시절에 아말렉이 이스라엘에서 가장 어리고 연약하고 힘 없는 사람들을 죽였던 것처럼 이제 그들을 진멸하라고 하십니다.

하나님의 명령에 따라 사울은 아말렉과 싸웠고 아주 쉽게 승리했습니다. 하나님이 명하신 전쟁이었으니 당연히 승리는 사울의 몫이었습니다. 그러나 사울은 하나님의 명령과 달리 아말렉을 진멸하지 않고 많은 것을 남겨 놓습니다. 왕은 생포하고, 상태가 좋은 가축은 전리품으로 취합니다. 그날 밤 하나님은 사무엘 선지자에게 사울을 왕으로 세운 것을 후회한다고 말씀하십니다. 하나님은 순종을 원하셨지만, 사울은 자신이 원하는 바를 선택하고 말았습니다.

10 여호와의 말씀이 사무엘에게 임하니라 이르시되 11 내가 사울을 왕으로 세운 것을 후회하노니 그가 돌이켜서 나를 따르지 아니하며 내 명령을 행하지 아니하였음이니라 하신지라 사무엘이 근심하여 온 밤을 여호와께 부르짖으니라(삼상 15:10-11).

이에 사무엘이 사울을 찾아갑니다. 그런데 하나님 말씀대로 정말 가축의 울음소리가 들립니다.

"왕이여, 이게 무슨 소리입니까? 전부 멸하라는 하나님의 말씀을 잊으셨습니까?"

그러자 사울이 천연덕스럽게 둘러댑니다.

"아, 이 소리요? 백성이 하나님 앞에 제사 드리려고 좋은 것을 남겨 놓은 모양입니다."

사무엘이 말합니다.

"왕이여, 당신은 망령되이 행동했습니다."

22 사무엘이 이르되 여호와께서 번제와 다른 제사를 그의 목소리를 청종하는 것을 좋아하심 같이 좋아하시겠나이까 순종이 제사보다 낫고 듣는 것이 숫양의 기름보다 나으니(삼상 15:22).

하나님은 제사보다 순종을 더 좋아한다고 말씀하십니다. 하나님의 말씀 듣는 것을 숫양의 기름보다 더 좋아하신다는 겁니다.

인류가 겪는
모든 비극의 뿌리

결국 이 사건으로 사울은 하나님께 버림받게 됩니다. 하나님이 말씀하신 바에 온전히 순종하지 않았기 때문입니다. 우리도 사울 왕과 같습니다. 내가 좋은 대로 행동하고, 내가 하고 싶은 것만 합니다. 주님을 따른다고 하지만, 사실은 내 생각과 경험을 좇아갑니다. 즉시, 온전히, 기쁘게 순종하는 대신 내가 하고 싶은 것, 내가 좋아하는 것, 내가 원하는 것만 합니다. 이것이 입으로는 주님을 부르면서 사실은 자기가 인생의 주인이 되어 군림하려는 우리의 모습입니다. 사실 인생의 모든 문제가 여기서부터 시작됩니다.

아픔과 슬픔, 좌절과 절망, 고난과 실패, 죄와 어두움처럼 누구도 피할 수 없는 인생의 문제들은 전부 호시탐탐 주인의 자리를 노리는 탐욕스러운 자아에서 비롯한 것입니다. 주인 되심과 다스리심을 통해 온 땅 가운데 자신의 영광과 완전함을 드러내기 원하시는 하나님의 섭리와 계획이 깨져 버렸습니다. 주인 되신 하나님을 잃어버린 것입니다. 에덴동산 중앙에서 벌어진 단 한 번의 반역 사건 때문에 말입니다.

인간은 창조주인 하나님과 교제할 수 있는 유일한 피조물이었고, 관계를 통해 하나님의 영광을 경험하고 누릴 수 있는 존재였습니다. 하나님은 한 가지만 빼고 모든 것을 인간에게 허락하셨습니다. 그 한 가지를 지키는 것은 곧 하나님의 하나님 되심, 하나님의 주인 되심을 인정하는 일이었습니다. 그것은 인간에게 주어진 명령이자 약속이었습니다.

> 15 여호와 하나님이 그 사람을 이끌어 에덴동산에 두어 그것을 경작하며 지키게 하시고 16 여호와 하나님이 그 사람에게 명하여 이르시되 동산 각종 나무의 열매는 네가 임의로 먹되 17 선악을 알게 하는 나무의 열매는 먹지 말라 네가 먹는 날에는 반드시 죽으리라 하시니라(창 2:15-17).

"다른 모든 것은 너희 마음대로 해도 된다. 하지만 선악을 알게 하는 나무의 열매만은 절대 먹지 마라. 이것은 내가 하나님이자 주인으로서 너희에게 주는 유일한 규칙이다. 이것만은 반드시 지켜야 한다."

그래서 아담과 하와는 에덴동산 중앙의 선악과를 바라볼 때마다 이렇게 반응해야 했습니다.

'그렇지! 내 주인은 하나님이시지! 이 진리 가운데 있을 때 나

와 세상 만물이 제자리를 찾고 하나님이 계획하신 모든 것을 누리고 성취할 수 있어.'

하지만 아담과 하와는 이 같은 하나님의 기대를 저버리고 맙니다. 하나님과의 약속을 저버린 채 주인의 자리를 탐하는 말도 안 되는 짓을 벌이다가 결국 참된 주인이신 하나님을 잃어버렸습니다. 하나님과 인간의 관계는 물론 이 땅에 존재하는 모든 관계가 어그러지고 깨져 버렸습니다. 인간을 포함한 모든 만물이 고통과 탄식 가운데 머물러 있는 것은 모두 그 때문입니다.

우리 자신이 지금 겪고 있는 고난과 어려움의 원인이 무엇이라고 생각합니까? 돈이 없기 때문입니까? 건강하지 못하기 때문입니까? 사랑하는 사람을 잃었거나 바라던 일이 이루어지지 않기 때문인가요? 그러나 사실 이 모두 표면적인 이유일 뿐입니다. 인생에서 일어나는 모든 문제의 본질은 참된 주인 되시는 하나님을 버리고 떠난 것에 있습니다. 하나님 대신 자신이나 다른 것들을 주인 삼아 버린 우리는 하나님 없이 나 혼자 행복하게 살겠다고 발버둥 치고 있습니다.

인간의 거역하는 속성과 주인이 되어 보려는 탐욕과 집착은 에덴동산에 처음 나타난 이후 인간의 모습 가운데 계속 나타났습니다. 그리고 그것은 예수 그리스도가 이 땅에 오신 순간에도 변함없이 발휘되었습니다.

첫 번째 크리스마스에 일어난 일

1 헤롯 왕 때에 예수께서 유대 베들레헴에서 나시매 동방으로부터 박사들이 예루살렘에 이르러 말하되 2 유대인의 왕으로 나신 이가 어디 계시냐 우리가 동방에서 그의 별을 보고 그에게 경배하러 왔노라 하니 3 헤롯 왕과 온 예루살렘이 듣고 소동한지라 4 왕이 모든 대제사장과 백성의 서기관들을 모아 그리스도가 어디서 나겠느냐 물으니 5 이르되 유대 베들레헴이오니 이는 선지자로 이렇게 기록된 바 6 또 유대 땅 베들레헴아 너는 유대 고을 중에서 가장 작지 아니하도다 네게서 한 다스리는 자가 나와서 내 백성 이스라엘의 목자가 되리라 하였음이니이다 7 이에 헤롯이 가만히 박사들을 불러 별이 나타난 때를 자세히 묻고 8 베들레헴으로 보내며 이르되 가서 아기에 대하여 자세히 알아보고 찾거든 내게 고하여 나도 가서 그에게 경배하게 하라 9 박사들이 왕의 말을 듣고 갈새 동방에서 보던 그 별이 문득 앞서 인도하여 가다가 아기 있는 곳 위에 머물러 서 있는지라 10 그들이 별을 보고 매우 크게 기뻐하고 기뻐하더라 11 집에 들어가 아기와 그의 어머니 마리아가 함께 있는 것을 보고 엎드려 아기께 경배하고 보배합을 열어 황금과 유향과 몰약을 예물로 드리니라 12 그들은 꿈에 헤롯에게로 돌아가지 말라 지시하심을 받아 다른 길로 고국에 돌아가니라(마 2:1-12).

마태복음 1장에는 굉장히 많은 사람의 이름이 등장합니다. 예수님이 어떤 분이신지 설명하기 위한 도구로 사람의 이름을 활용한 것인데, 여기에는 예수님의 이름도 포함됩니다.

> 21 아들을 낳으리니 이름을 예수라 하라 이는 그가 자기 백성을 그들의 죄에서 구원할 자이심이라 하니라… 23 보라 처녀가 잉태하여 아들을 낳을 것이요 그의 이름은 임마누엘이라 하리라 하셨으니 이를 번역한즉 하나님이 우리와 함께 계시다 함이라(마 1:21, 23).

이름의 뜻을 통해 알 수 있듯이 예수님은 우리를 죄에서 구원하여 언제나 함께하기 위해 이 땅에 오셨습니다.

마태복음 2장에는 예수님의 탄생 이야기가 기록되어 있습니다. 여기에는 지역의 이름이 자주 등장하는데, 특히 그중에서도 '유대'라는 지명이 여러 번 나옵니다. 마태복음의 저자는 왜 '유대'라는 말을 반복해서 기록한 걸까요? 그것은 바로 이 책의 독자인 유대인들에게 그들이 기다리고 있는 메시아가 예수님이심을 알리기 위해서입니다. 마태복음은 유대인 독자를 염두에 두고 기록한 책입니다. 그래서 서두 부분인 1-2장에서부터 예수님이 유대 땅, 그것도 다윗의 동네인 베들레헴에서 태어난 다윗의 자손이며 메시아라는 사실을 강력하게 천명했던 것입니다.

계속해서 마태복음 2장은 하나님이 약속하신 메시아 예수님이 유대 베들레헴에 태어나셨을 때 누가 나아와 그분을 환영하며 맞이했는지 보여 줍니다.

예수님이 탄생하셨을 때 그분을 영접하러 온 사람은 대대로 메시아를 기다려 온 하나님의 선민 유대인이 아니라 동방의 이방지역에서 온 박사들이었습니다. 하나님의 백성이라는 유대인이 아닌, 이방인들이 구원자요 임마누엘로 오신 예수님을 맞이한 것입니다. 누가복음에는 들판에 있던 목자들이 아기 예수님을 영접하고 경배했다고 기록되어 있지만, 마태복음은 유대인이 아닌 동방에서 온 박사들이 아기 예수님을 영접한 사실에 주목합니다.

도대체 동방에서 왔다는 박사들은 어떤 사람들이었을까요? 그에 대해 여러 가지 설이 있습니다.

"페르시아인들이었다."

"아라비아인들이었다."

"세 명이었다."

"처음에는 네 명이였는데 중간에 한 명이 낙오하고 세 명만 예수님께 왔다."

하지만 마태복음 2장은 그들이 몇 명인지, 어느 나라에서 왔는지, 얼마나 오랫동안 여행했는지 밝히고 있지 않습니다. 우리가 알 수 있는 것은 동방(east)에서 온 박사(Magi, 점성술사 혹은 현자)들이 예루살렘에 이르렀다는 것뿐입니다. 그런데 이상한 점이 있습니다. 그들은 왜 베들레헴이 아니라 예루살렘으로 왔을까요? 성경에 기록된 대로 아무 정보 없이 별만 따라왔다면 예수님이 태어나신 베들레헴으로 가야 하지 않겠습니까? 직업이 점성술사였으니 별을 잘못 보고 길을 잃었을 리도 없습니다. 그런데 왜 동방의 박사들이 예루살렘으로 간 걸까요?

본문의 정황을 살펴보면, 처음 나타났던 별은 박사들에게 유대인의 왕이 태어날 것을 알려 주는 역할만 한 것 같습니다. 그리고 다시 나타난 별은 박사들이 헤롯 왕을 만난 뒤 베들레헴으로 갈 때부터 그들을 인도했습니다. 동방박사들은 유대인의 왕이 어디에서 태어나는지 알지 못했습니다. 그들은 유대 땅에 유대인의 왕이 태어났다는 사실만 알고 있었습니다.

사실 유대인의 왕이 태어났다는 것은 그렇게 대단한 뉴스거리가 아닙니다. 유대는 영토가 크지도 않고 유명한 나라도 아니었습니다. 전체 면적이 우리나라의 강원도보다 약간 큰, 로마의 조그만 속국 중 하나일 뿐입니다. 그런 별 볼 일 없는 나라의 왕을 만나겠다고 별 하나 의지하여 그 먼 데서부터 찾아올 수 있을까요? 요즘처럼 교통과 통신이 발달한 시절도 아닌데 말입니다.

물론 로마의 황제가 새로 즉위했다면 사정이 다릅니다. 가장 강대한 나라의 통치자니까 그럴 때 찾아가서 눈도장이라도 찍어 두면 장차 도움이 되지 않겠습니까? 하지만 유대의 왕에게 잘 보여서 무슨 이득이 있겠습니까? 그러므로 동방박사들의 유대 방문은 쉽게 이해할 수 없는 행동이었습니다. 게다가 그들은 자신들이 만나려고 하는 대상이 누군지도 정확하게 알지 못했습니다. 그래서 헤롯 왕궁을 찾아가 유대인의 왕이 어디에 있는지 물은 것입니다.

메시아에게 관심 없는 유대인, 메시아를 만나고 싶은 이방인

메시아가 태어났다는 소식에 헤롯 왕과 신하들, 종교 지도자들은 크게 혼란스러워합니다. 특히 헤롯 왕 주변의 사람들은 하나같이 불안과 두려움에 휩싸여 있었습니다.

"유대인의 왕이 태어났다는 소식을 들었으니 저 악독한 헤롯이 절대로 가만히 있지 않을 거야. 이 나라에 다시 한 번 피바람이 불겠구나."

"이번에는 또 얼마나 많은 사람이 무고하게 반역죄로 몰려 죽임을 당할까?"

예수님이 태어나실 때 유대를 다스렸던 헤롯 대왕은 이스라엘 역사에서 매우 중요한 역할을 감당한 사람입니다. 이스라엘은 솔로몬의 아들인 르호보암 왕 때 남유다와 북이스라엘로 분열되었고, 이후 두 나라 모두 외세의 침략에 의해 멸망했습니다. 그리고 BC 586년 남유다가 멸망하면서 포로로 잡혀간 유대인들은 BC 537년부터 폐허가 된 고향으로 돌아오기 시작합니다. 예루살렘으로 귀환한 유대인들은 성이 함락될 때 파괴된 솔로몬 성전을 대신해서 스룹바벨 성전을 건축합니다.

헤롯은 이스라엘 백성의 환심을 사기 위해 이 스룹바벨 성전을 새롭게 증축합니다. 얼마나 대단하게 지었는지, 예수님 당시에 46년째 공사가 진행 중이었습니다(요 2:20). 이렇게 지어진 성전이 바로 헤롯 성전입니다.

헤롯은 성전 외에도 많은 건물을 세웠는데, 지금 이스라엘에 남아 있는 많은 유적이 그가 건축한 것들이라고 합니다. 헤롯은 세금을 감면해서 백성의 지지를 받기도 했습니다. 하지만 그에게는 아내와 아들들을 반역자로 몰아 죽이는 정신병자 같은 모습도 있었습니다. 죽기 직전에는 백성에게 존경받는 사람들을 붙잡아 감옥에 가뒀습니다. 자신이 죽어도 백성은 슬퍼하지 않을 테지만, 자신이 죽을 때 백성이 존경하는 사람들을 함께 죽인다면 백성이 슬퍼할 것이기 때문입니다. 이렇게 헤롯은 올바른 정신을 가졌다고는 하기 힘들 만큼 악독하고 정신병자 같은 사람이었습니다.

동방박사들의 이야기를 들은 헤롯의 신하들 사이에 소동이 일어났습니다. 이것을 빌미로 헤롯이 얼마나 많은 사람의 목숨을 빼앗을지 두려웠기 때문입니다. 그런데 헤롯 왕은 굉장히 영악한 사람이었습니다. 그는 하나님이 유대 민족에게 약속하신 메시아의 이야기를 알고 있었습니다. 그래서 동방박사들이 유대인의 왕이 어디에서 태어났는지 질문했을 때 가만히 듣고 있다가, 대제사장과 서기관들에게 메시아, 즉 그리스도가 어디에서 태어났는지 질문했습니다. 대제사장과 서기관들은 한목소리로 대답했습니다.

"성경에는 유대인의 메시아가 베들레헴에서 태어난다고 예언되어 있습니다."

그 말을 들은 헤롯이 박사들을 불러 이것저것 캐묻습니다.

"여러분이 본 그 별이 나타난 것이 언제입니까? 언제 그 별을 보았습니까? 그 별은 어떻게 생겼습니까?"

큰 관심을 가지고 꼬치꼬치 캐묻습니다. 그리고 나서 박사들을 베들레헴으로 보내며 비밀리에 이런 부탁을 합니다.

"어서 가서 유대인의 왕으로 태어난 아기를 찾으십시오. 그리고 만약 그 아이를 찾거든 내게도 꼭 알려 주십시오. 나도 유대인의 왕으로 오신 분을 만나 경배하고 싶습니다."

얼마나 멋진 말입니까?

"나도 그분을 만나 경배하고 싶습니다. 그분이 정말 그리스도라면, 정말 그 메시아가 맞는다면, 성경의 예언대로 그분이 정말 베들레헴에 오셨다면 나도 가서 그분을 경배하고 싶습니다. 그러니 그분을 만나거든 내게 꼭 알려 주십시오."

아마도 헤롯 왕의 신하들은 그 말의 뜻을 대번에 파악했을 겁니다. 그가 얼마나 악랄한 사람인지 잘 알기 때문에 그의 속셈을 금방 알아챘을 겁니다. 그러나 아무것도 모르는 순진한 박사들은 헤롯의 말을 문자 그대로 받아들였습니다.

'헤롯은 참 훌륭한 왕이구나.'

'헤롯 대왕도 유대인의 왕을 경배하고 싶어 하는구나.'

그런데 박사들이 헤롯의 왕궁에서 출발하자, 놀라운 일이 벌어집니다. 그들을 예루살렘까지 이끈 별이 다시 나타난 것입니다. 별을 본 박사들은 아주 기뻐했습니다. 그리고 그 별을 따라 베들레헴으로 가게 되었습니다.

여기에서 성경 본문은 예루살렘 사람들과 동방박사들의 모습을 서로 대조하여 보여 줍니다. 메시아의 강림 소식 앞에서 그들은 상반된 반응을 보였습니다. 한쪽은 두려워하며 소동했고 다른 쪽은 크게 기뻐했습니다. 놀랍고 안타까운 것은 하나님을 알고 잘 믿는다는 유대인들이 메시아의 소식을 두려워하고 부담스러워하고, 오히려 하나님을 모르는 이방인들은 그 소식에 기뻐했다는 사실입니다.

예수님의 계신 곳에 도착한 동방박사들은 마리아에게 경배하고 보배합을 열어 황금과 유향과 몰약을 아기 예수님께 드렸습니다.

구약성경 이사야서에 기록된, '메시아에게 금과 유향을 드린다'는 말씀이 성취된 것입니다(사 60:6).

예수님을 만나고 돌아가는 동방박사들에게 또다시 놀라운 일이 일어납니다. 하나님이 꿈을 통해 그들에게 '헤롯에게 돌아가지 말라'고 말씀하신 것입니다. 이번에는 별 같은 자연현상을 통해서가 아니라 꿈에 직접 나타나 말씀하셨습니다. 그래서 박사들은 헤롯을 피해 다른 길로 돌아갔습니다.

주인공 없는 크리스마스, 주님 없는 신앙

마태복음 2장에 기록된 동방박사 이야기는 성탄절이 되면 어김없이 듣게 되는 단골 레퍼토리입니다. 하지만 본문을 꼼꼼히 살펴보면, 첫 번째 크리스마스에 관해 우리가 많은 오해를 하고 있음을 발견하게 됩니다.

첫 번째 크리스마스는 하나님이 약속하신 메시아가 오랫동안 그분을 기다려 온 이들에게 철저히 외면당하신 날이었습니다. 자신들의 왕이자 주인이 오셨음에도, 이스라엘 백성은 그 사실을 전혀 깨닫지 못했습니다. 장차 오실 메시아에 관한 성경의 예언을 알고 있었지만, 그들은 그 메시아가 자기 민족과 자기 자신에게 어떤 존재인지 까맣게 잊고 있었습니다. 오히려 생전 처음 메시아의 존재를 접했을 이방인 동방박사들이 그분을 뵙겠다며 먼 곳에서 찾아왔습니다. 동방박사들이 헤롯에게 뭐라고 말했는지 생각해 보십시오.

"유대인의 왕으로 나신 분이 어디에 계십니까?"

아무런 성경 지식이 없었음에도, 이처럼 그들은 자신들이 찾고 있는 대상이 누구인지 정확하게 알고 있었습니다. 그들은 예수님을 '유대인의 왕'이라고 표현했습니다. 그러나 성경을 통해 메시아가 누구인지 정확히 알고 있던 유대인들은 오히려 예수님을 왕과 주인으로 인정하고 받아들이지 않았습니다. 그것은 지금도 마찬가지입니다.

지금 북미와 유럽에서는 "메리 크리스마스"라는 말보다는 '홀리데이'(holiday)라는 말을 사용한다고 합니다. '그리스도'와 '미사'가 합쳐진 '크리스마스'라는 단어는 '메시아이신 예수님을 예배하는 날'이라는 의미를 지녔으므로 기독교를 싫어하는 사람들에게 거부감을 준다는 이유 때문입니다.

그런데 이제는 우리나라에서도 이런 분위기가 형성되고 있는 듯합니다. 크리스마스가 예수 그리스도를 예배하는 날이 아니라 쉬는 날, 노는 날로 전락하는 실정입니다. 더욱 심각한 것은, 이렇게 되는 데 교회도 한몫하고 있다는 사실입니다.

예수님을 믿고 신앙생활을 하는 사람이 크리스마스에 마음이 들뜨고 기쁜 것은 당연하고 자연스러운 일입니다. 문제는 기쁘고 흥겨운 크리스마스의 주인공이 예수 그리스도에서 산타클로스로 바뀌었다는 점입니다. 처음에는 크리스마스를 이용해서 세상 사람들의 환심을 사고 돈을 벌려는 세상 사람들이 그런 분위기를 조장했지만, 이제는 교회도 크리스마스를 예수님과 상관없는 '축제를 위한 축제'로 만들고 있습니다.

첫 번째 크리스마스 때부터 유일한 주인공이신 예수님을 잊어버린 유대인들의 뒤를 철저하게 따르고 있는 것입니다.

이천 년 전 이 땅에 초림하셨을 때부터 21세기인 오늘날에 이르기까지 인간은 너무나 쉽게 예수 그리스도를 잊고 그분이 어떤 분인지 망각하며 살아왔습니다.

예수님께만 영광 돌리고, 예수님만 찬양하고, 예수님만이 만왕의 왕이자 만유의 주재이심을 드러내는 대신, 먹고 마시고 즐기는 것에만 정신이 팔린 삶을 살아온 것입니다.

하나님이 왜 이상한 별을 나타내 보여 주면서 동방 박사들을 몇 달 전부터 준비시키셨을까요? 누구보다 기뻐하고 경배하며 영접해야 할 유대인들이 예수님을 잊고 모른 척했기 때문일 것입니다.

제가 몽골을 떠나온 지도 벌써 5년의 세월이 흘렀습니다. 지금 저는 한국에 있지만, 지금도 몽골에서 함께했던 동역자와 성도들에게 돌아가고 싶은 마음이 울컥 솟아오를 때가 있습니다.

그곳은 아직도 예수 믿는 사람이 소수에 불과합니다. 신앙생활을 하기 위한 자원과 환경도 부족합니다. 그런데도 그들은 정말로 예수 그리스도 한 분 때문에 기뻐하며 예배합니다. 저는 그들의 순수하고 순전한 믿음이 너무 그립습니다.

교인도 많고 최신 시설과 세련된 프로그램을 자랑하는 한국교회는 언제부턴가 예수님이 아니어도 기뻐할 대상이 많아졌습니다. 강단에서는 예수 그리스도의 복음보다 사람들의 귀를 즐겁게 해주는 부담 없는 이야기와 자기계발서에나 나올 법한 '하면 된다'는 메시지가 쏟아지며, 예배는 하나님이 아니라 회중을 위한 감동과 위로의 이벤트가 되어 버렸습니다.

교회는 주님의 제자로 살며 그분의 증인이 되라는 명령을 잊은 지 오래입니다. 그저 교회 건물 안에 자기들끼리 모여 즐거워하고, 제자 삼고 배가하여 열방을 섬기기보다는 어떻게든 교인들을 단속하고 끌어모아 건물을 세우는 것에만 심혈을 기울이고 있습니다.

성도들은 예수님 한 분만으로 기뻐하고 임마누엘 되어 주신 은혜에 감사하며 삶을 내어 드리는 대신, 그분을 인생 도우미 삼아 자기 위안을 받기 위해 신앙생활합니다. 오늘 우리 주변에는 아기 예수 없는 처음 크리스마스와 같은 상황이 비일비재합니다.

예수님께 선물을 드려야 하는 예수님 생일에 우리끼리 선물을 주고받으며 즐기고 있습니다. 예수님을 위해 살아야 할 이들도 끊임없이 주님께 '도와 달라, 채워 달라, 해결해 달라'고 부르짖기만 합니다. 그리고 자신들이 원하는 대로 이뤄지지 않으면 하나님을 원망하고 믿음을 저버립니다.

우리는 기억해야 합니다. 동방박사들이 아기 예수님을 만나 선물을 받아갔습니까, 아니면 선물을 드리고 갔습니까?

"예수님을 보러 먼 길을 왔는데 기념품 하나 주시면 안 될까요? 아기 이불이라도 한 장 주세요. 대대로 가보 삼겠습니다."

그들은 이렇게 말하지 않았습니다. 주님 앞에 엎드려 경배하고, 자신들이 가져온 귀한 예물을 드렸습니다.

동방박사들과 비교할 때 지금 우리의 모습은 얼마나 우스운지 모릅니다. 축하객이 주인공 노릇을 하는, 정말 말도 안 되는 상황입니다. 하나님의 도움과 보호를 받아 행복하게 사는 것이 신앙의 핵심이 되다 보니 우리가 주인공이 되어 버렸고, 주님이 받으셔야 할 영광을 가로채고 있습니다.

지금이야말로 예수님 한 분만이 주인이심을 깨닫고 그분 앞에 무릎 꿇어야 할 때입니다.

하나님이 주인 되심을 망각할 때

지금 당신의 주인은 누구입니까? 당연히 "하나님이지!"라고 대답하실 거라 생각합니다. 하지만 주님의 말씀을 거스르고 아말렉을 진멸하지 않은 사울 왕도, 메시아가 베들레헴에서 탄생한다는 것을 알면서도 경배하지 않은 대제사장과 서기관들도 똑같이 대답했을 겁니다.

"하나님이 주인이십니다! 하나님을 주인으로 섬기겠습니다! 하나님이 제 모든 것을 다스리십니다!"

말로는 언제든지 고백하고 선포할 수 있지만, 실제로 그렇게 살아가는 것은 전혀 다른 이야기입니다. 이렇게 자신의 주인이 누구인지 망각할 때 우리에게 어떤 증상이 나타날까요?

제일 먼저 우선순위가 흔들립니다. 누구나 무언가를 선택할 때 우선순위를 기준으로 삼습니다. 그래서 사람들이 어떤 선택을 내리는지 살펴보면 그 사람이 중요하게 여기는 것이 무엇인지, 무엇을 더 중요하게 여기고 덜 중요하게 여기는지 알 수 있습니다. 하나님을 주인으로 분명하게 인식하고 인정하는 사람은, 하나님 나라와 의를 좇아 세상의 영광과 부귀와 권세를 거절합니다. 하나님의 백성과 함께 고난 받기를 사모하며 애굽 왕실이 제공해 주는 온갖 부귀와 권력을 거절한 모세처럼 말입니다.

> 24 믿음으로 모세는 장성하여 바로의 공주의 아들이라 칭함 받기를 거절하고 25 도리어 하나님의 백성과 함께 고난 받기를 잠시 죄악의 낙을 누리는 것보다 더 좋아하고(히 11:24-25).

히브리서 기자는 모세가 하나님을 위해 그분의 백성의 고난에 동참하는 것을 더 좋아했다고 기록합니다. 여기서 "더 좋아하고"로 번역된 헬라어 '하이레오'(αἱρέω)는 '선택하다, 자력으로 취하다'라는 의미를 갖고 있습니다. 이것은 모세가 세상의 것을 거절하는 소극적인 차원을 넘어, 적극적으로 하나님 나라와 그 의에 동참하기로 선택했다는 의미입니다. 비록 그것이 '사서 고생하는' 고난의 길이라도 말입니다.

또한 모세는 그리스도를 위하여 받는 수모를 애굽의 모든 보화보다 더 큰 재물로 더 소중하게 여겼다고 합니다. 본문에서 '여기다'로 번역된 헬라어 '헤게오마이'(ἡγέομαι)는 '계산하다, 평가하다'라는 뜻을 갖고 있습니다. 말씀대로 순종하는 삶을 선택할 때 받게 되는 불이익과 고통을 계산하고 평가해 보니, 세상의 좋은 것들보다 더 낫더라는 것입니다. 이는 예수 그리스도의 주인 되심과 다스리심에 대한 분명한 믿음이 있어야 가능한, 세상은 용납할 수도 이해할 수도 없는 우선순위입니다.

하지만 예수 그리스도가 주인이심을 의식하지 않는 사람은 세상 사람들이 모두 찬성한다는 이유로, 하나님의 기준에 맞지 않는 것을 거절하지 못합니다. 입으로는 늘 "주님 한 분이면 만족합니다. 주님 한 분만으로 충분합니다"라고 말하면서도, 하나님 때문에 작은 불이익 하나도 당하려 하지 않습니다.

자신이 인생의 주인이라면 이렇게 살아가도 문제될 것이 전혀 없습니다. 그러나 사도 바울의 고백처럼 그리스도와 함께 십자가에서 죽고 그분의 피값으로 구속받은 사람은 예수님이 그 안에 거하시며 주인이 되십니다(갈 2:20). 예수 그리스도를 믿는 순간 우리 인생에 대한 사망신고와 명의 이전이 완료되었다는 말입니다. 그런데도 여전히 세상적이고 자기중심적인 옛사람의 우선순위를 쫓아다니는 것은, 독생자를 죽게 하기까지 우리를 사랑하신 하나님의 은혜를 마트에서 나눠 주는 공짜 사은품처럼 우습게 여기는 것과 같습니다. 사람들끼리 무시하고 우습게 여기는 것은 용서받을 수 있습니다. 끝까지 용서해 주지 않으면 그 사람과의 관계만 포기하면 됩니다. 그러나 하나님을 업신여기는 죄는 심각한 대가를 치러야 합니다.

⁴ 슬프다 범죄한 나라요 허물 진 백성이요 행악의 종자요 행위가 부패한 자식이

로다 그들이 여호와를 버리며 이스라엘의 거룩하신 이를 만홀히 여겨 멀리하고 물러갔도다 5 너희가 어찌하여 매를 더 맞으려고 패역을 거듭하느냐 온 머리는 병들었고 온 마음은 피곤하였으며 6 발바닥에서 머리까지 성한 곳이 없이 상한 것과 터진 것과 새로 맞은 흔적뿐이거늘 그것을 짜며 싸매며 기름으로 부드럽게 함을 받지 못하였도다(사 1:4-6).

7 스스로 속이지 말라 하나님은 업신여김을 받지 아니하시나니 사람이 무엇으로 심든지 그대로 거두리라(갈 6:7).

그저 자기 눈에 보기 좋은 대로 선택한 것뿐인데 그것이 하나님을 업신여기는 죄가 된다면 이 얼마나 무서운 일입니까? 그러므로 우리는 늘 깨어 스스로를 점검해야 합니다. 주인이 누구인지 잊으면 우선순위가 흔들리게 됩니다.

자신의 주인이 누구인지 망각할 때 나타나는 두 번째 증상은 심령이 냉랭해지는 것입니다. 앞서 살펴본 대로 동방박사들은 유대 민족의 메시아에 대해 아는 바가 전혀 없었습니다. 그들은 별 하나만 보고 아기 예수님을 찾아왔습니다. 메시아라는 단어를 몰랐으나, 그저 모든 나라와 민족의 왕이 될 위대한 인물의 탄생에 대한 기대감으로 충만하여 한걸음에 예루살렘까지 달려온 겁니다. 그들에게는 예수 그리스도로 말미암아 뛰는 심장이 있었습니다. 당신의 마음은 어떻습니까? 당신의 심장도 동방박사들처럼 예수님 때문에 뛰고 있습니까? 당신의 마음은 주님을 향한 사모함과 기대감으로 가득 차 있습니까?

사실 선뜻 그렇다고 대답하기 어려운 질문들입니다. "당신은 꼬박꼬박 주일성수를 하고 있습니까? 주의 몸 된 교회를 위해 헌신하며 봉사하고 있습니까? 하나님의 일을 위해 물질과 시간을 내놓고 있습니까?"라는 질문에 대답하기란 쉽습니다. 지금 교회와 사역에서 하고 있는 일을 나열하면 되니까요. 하지만 "예수 그리스도 때문에 가슴이 뛰는가? 예수 그리스도 때문에 가슴이 뜨거운가?"라는 질문에 답하는 것은 전혀 다른 차원의 문제입니다.

안타깝게도 우리는 주님을 만나고 싶은, 주님을 간절히 찾는, 주님만 예배하기 원하는 마음이 없이도 아무렇지 않게 살아갈 수 있는 사람들입니다. 사도 바울이 예를 든 것처럼 사랑 없이도 자신에게 있는 모든 것으로 구제하고 자기 몸을 불사르게 내어 줄 수 있는 존재라는 말입니다(고전 13:3).

그렇다면 어떻게 해서 모세는 부자가 되는 것보다 고난에 참여하는 것을 더 좋아할 수 있었을까요? 모세니까, 모세라서 그럴 수 있었던 걸까요? 히브리서 기자는 하나님이 약속하신 상 받을 것을 바라보았기 때문이라고 말합니다.

26 그리스도를 위하여 받는 수모를 애굽의 모든 보화보다 더 큰 재물로 여겼으

니 이는 상 주심을 바라봄이라(히 11:26)

'바라봄이라'로 번역한 헬라어 '아페블레펜'(ἀπέβλεπεν)은 '다른 것에서 눈을 돌려 하나의 대상만 바라보다, 주의 깊게 보다'라는 뜻을 가진 '아포블레포'(ἀποβλεπω)의 미완료 과거형입니다. 한 번 보고 그만둔 것이 아니라 끊임없이 주님의 약속을 바라보며 심령의 온기가 식지 않게 했다는 의미입니다.

예수 그리스도가 우리의 주인이심을 망각하는 것은 성경 지식과 신학적 소양이 없기 때문이 아닙니다. 동방박사들이 예수 그리스도를 내 주로 고백할 수 있던 것은 성경 지식과 신학적 소양이 있었기 때문이 아닙니다. 그것은 그들의 마음속에 타오르던 뜨거운 열정과 소망에서 나온 고백이었습니다.

주님의 주인 되심을 기억하라

뜨거운 열정과 소망으로 평생 주님을 기억하며 그분만 좇은 사람이 있습니다. 그는 바로 '하나님의 마음에 맞는 사람' 다윗입니다(행 13:22).

사무엘하 15장에서 다윗은 사랑하는 아들 압살롬의 반란 소식을 접합니다. 압살롬은 배다른 형제들을 살해하고 아버지 다윗이 있는 예루살렘으로 진격해 옵니다. 많은 신하와 장수, 병력과 백성이 그의 편에 섰습니다. 다윗을 따르지 않는 모든 사람이 그의 적이 되어 버린 것입니다. 결국 다윗은 예루살렘을 포기하고 도망치기로 합니다.

> 30 다윗이 감람산 길로 올라갈 때에 그의 머리를 그가 가리고 맨발로 울며 가고 그와 함께 가는 모든 백성들도 각각 자기의 머리를 가리고 울며 올라가니라 (삼하 15:30).

그런데 그 모습이 좀 이상합니다. 지금 압살롬이 다윗을 죽이려고 쳐들어오고 있습니다. 그렇다면 말이나 마차같이 빠른 이동수단을 이용해서 위기를 벗어나야 하지 않을까요? 하지만 다윗은 그렇게 하지 않았습니다. 머리를 풀어헤치고 신발을 벗은 채 울며 걸어갔습니다. 왜 그랬을까요?

> 24 보라 사독과 그와 함께 한 모든 레위 사람도 하나님의 언약궤를 메어다가 하나님의 궤를 내려놓고 아비아달도 올라와서 모든 백성이 성에서 나오기를 기다리도다 25 왕이 사독에게 이르되 보라 하나님의 궤를 성읍으로 도로 메어 가라

만일 내가 여호와 앞에서 은혜를 입으면 도로 나를 인도하사 내게 그 궤와 그 계신 데를 보이시리라(삼하 15:24-25).

다윗이 피난할 때 그를 따라나선 이들은 법궤를 갖고 나왔습니다. 당시 법궤는 다윗의 장막에 보관되어 있었는데, 이스라엘 민족에게 법궤는 하나님의 임재를 상징합니다. 법궤를 갖고 있다는 것은 하나님이 함께하신다는 것을 상징하므로, 법궤를 가진 이들은 "하나님이 우리 편이시다!"며 자랑하고 법궤가 없는 이들은 "하나님이 저들을 도우신다!"며 두려워합니다. 그런데 다윗은 사람들이 가져온 법궤를 예루살렘 성으로 다시 돌려보냅니다. 그는 결국 아무것도 가져가지 않고, 시종일관 다음과 같은 태도를 고수했습니다.

"주님이 압살롬을 왕으로 세우셨다면 내가 그에 대해 관여할 것은 아무것도 없다."

이는 하나님이 세우신 권위를 거역하고 아버지의 목숨을 노리는 패륜아라도 주님이 왕으로 세우시려 하신다면, 기꺼이 자신의 모든 것을 내려놓겠다는 고백입니다. 또한 다윗은 하나님이 자신을 왕의 자리에 그대로 두려 하신다면, 자신이 반드시 예루살렘으로 돌아올 것을 믿었습니다. 인생의 모든 것을 결정하고 이루시는 분은 오직 하나님 한 분이며 그분이 주인이심을 선포한 것입니다.

다윗의 모습은 주님 앞에서 우리가 어떤 태도를 보여야 하는지 분명하게 보여 줍니다.

"왕이 되는 것도 하나님의 은혜이고 왕의 자리에서 물러나는 것도 하나님의 은혜다."

자신의 머리와 힘으로 이스라엘의 왕이 된 것도 아니고, 아들의 반역으로 예루살렘을 도망치듯 떠나야 하는 상황도 자신이 어떻게 할 수 있는 것이 아닙니다. 그것이 주님의 뜻이라면 다윗이 해야 할 것은 순종뿐입니다. 그래서 깨끗하게 신을 벗고 예루살렘을 떠난 것입니다. 결국 하나님은 압살롬의 반란을 무너뜨리고 다윗을 다시 이스라엘의 왕으로 세우셨습니다.

주님이신 하나님 앞에서 지금 당신의 영적 상태는 어떻습니까? 혹시 주인공을 잃어버린 크리스마스와 같지는 않습니까? 우리는 너무나 쉽게 자신의 주인이 누구인지 잊어버립니다. 그토록 오랫동안 메시아를 기다려 왔음에도, 유대인들은 예수님이 오셨을 때 알아보기는커녕 관심도 갖지 않았습니다. 오히려 하나님을 알지 못하는 이방인들이 아기 예수 앞에 엎드려 경배했습니다.

우리도 유대인들의 전철을 밟고 있는 것은 아닌지 두려움으로 깨어 자기 자신을 돌아봐야 합니다. 자기 자신을 주인 삼는 세상 풍조에 맞서 주님 앞에 순복하는 자들로 일어나야 합니다. 이 책의 열 개의 장을 통해 우리는 주인이신 예수님 앞에서, 주인이신 예수님 안에서, 주인이신 예수님을 향해 어떤 자세와 태도를 선택해야 하는지 살펴볼 것입니다.

예수 그리스도를 주(Lord)로 섬기는 것은 하나님과의 친밀감과 함께 십자가 복음에 의해 (인간의 입장에서) '되찾은' 귀한 선물이며 특권입니다. 그래서 쉽게 거부할 수 있을 것 같지만 불가항력적이고, 강압적일 것 같지만 더없이 부드럽고, 속박당하는 것 같지만 오히려 그 안에서 참 자유를 발견하게 됩니다. 이 책을 통해 그것을 맛보아 알기 원하는 열정과 도전의식이 다시 한 번 타오르기를 소망합니다.

chapter 2

주님이
주인 되셔야
나도
제자리를
찾는다

에베소 교회를 위한
사도 바울의 기도

에베소서는 사도 바울이 에베소 교회 성도들을 위해 기록한 말씀입니다. 사도 바울은 3차 전도여행 때 2년 동안 에베소에 머물러 복음을 전하고 제자들을 양육했습니다. 아침부터 저녁까지 두란노 서원이라는 곳에서 성도들을 가르치고 양육했습니다. 그 후 예루살렘에서 체포된 후에 로마의 감옥에 갇히게 되었고, 그곳에서 에베소 교회의 소식을 듣게 되었습니다(엡 1:15). 이때 사도 바울은 에베소 교회 성도들을 위해 감사하며 기도하기 시작합니다.

살다 보면 하나님 앞에 간절하게 기도하며 간구해야 할 때가 있습니다. 지금도 그렇습니다. 많은 사람이 '지금은 기도해야 할 때'라고 말합니다. 그렇다면 이때 우리는 무엇을 위해 기도해야 할까요? 감옥에 갇힌 상황에서 사도 바울은 사랑하는 에베소 교회 성도들을 위해 어떤 기도를 했을까요? 사도 바울은 '우리 주 예수 그리스도의 하나님'을 부르며 기도를 시작합니다.

> 17 우리 주 예수 그리스도의 하나님, 영광의 아버지께서 지혜와 계시의 영을 너희에게 주사 하나님을 알게 하시고(엡 1:17).

그는 지금 에베소 교회 성도들에게 지혜와 계시의 영을 주셔서 하나님을 알게 해 달라고 간구하고 있습니다. 이 말은 곧 에베소 교회 성도들이 아직 하나님을 알지 못한 채 신앙생활하고 있다는 말일 것입니다. 그들은 신약성경 가운데 많은 책을 저술한 사도 바울의 직강을 2년 동안이나 들은 사람들이지만, 여전히 하나님을 제대로 알지 못하고 있습니다.

사실 '하나님을 안다'는 말은 성경에 자주 등장하는 표현입니다. 특히 구약성경 에스겔서에는 '너희가 내가 여호와인 줄 알리라'는 말이 70번 가까이 등장합니다.

바벨론에 포로로 끌려간 에스겔은 예루살렘 성과 성전이 파괴되기 직전에 바벨론에서 하나님의 말씀을 받아 전합니다. 그것은 바로 예루살렘이 멸망할 것이라는 메시지였습니다. 예루살렘 성이 완전히 무너지고 하나님의 성전도 파괴될 거라는 이야기였습니다. 에스겔과 이스라엘 백성 입장에서는 하기도 어렵고 받기도 어려운 예언입니다. 그런데 이 예언을 하면서 에스겔은 바벨론에 포로로 끌려온 사람들에게 우리가 여호와를 알게 될 것이라고 말합니다.

에스겔서 23장에서 하나님은 자신이 이스라엘 백성을 애굽에서 어떻게 이끌어 냈으며, 광야에서 어떻게 인도했는지 말씀하십니다. 구약의 오랜 역사 속에서 계속해서 '내가 너희에게 나를 계시하고 나타냈다'고 말씀하십니다. 그런데도 하나님이 에스겔서를 통해 70번 가까이 '내가 여호와의 의를 알 것이다'라고 말씀하신 것은, 수천 년의 이스라엘 역사 속에서도 여전히 이스라엘 백성이 하나님을 알지 못했음을 보여 줍니다. 이스라엘 백성은 예루살렘 성이 멸망하는 최후의 순간까지도 철저히 하나님에 대해 무지한 자들이었습니다.

에베소 교회도 마찬가지였던 듯합니다. 사도 바울이 에베소 교회를 위해 기도할 때 제일 먼저 '너희가 하나님을 알게 되기를 원한다'고 간구한 것은, 세 번의 전도여행 중에서 가장 오랫동안 머물면서 특별 양육한 그들이 여전히 하나님을 잘 모르고 있었기 때문입니다. 구약의 이스라엘 백성이나 신약의 에베소 교회 성도들 모두 자신들이 하나님을 잘 알고 있다고 생각했지만, 그들 모두 지식으로만 하나님을 알고 있었던 것입니다.

하나님을 알지 못하는 것이
모든 것의 뿌리다

　사도 바울이 에베소 교회와 관련해서 들은 것은 걱정스러운 소식들이었습니다.

　당시 에베소 교회에는 유대인과 이방인 사이에 갈등이 있었습니다. 공동체 가운데 음란의 문제도 있었습니다. 마귀가 틈탈 정도로 분노하기도 했고, 어둠에 속하는 거짓과 속이는 말이 교회 가운데 난무했습니다. 아내와 남편, 자녀와 부모, 종과 상전들 사이에 잦은 갈등이 일어났습니다. 에베소 교회의 개척자인 사도 바울은 에베소 교회 성도들이 열방 가운데 영향력을 드러내는 교회가 되고 하나님의 사람들이 되기를 원했지만, 안타깝게도 그들에게는 여전히 많은 문제가 있었습니다. 이 모든 것이 그들이 하나님을 알지 못하고 있음을 보여 주는 증거였습니다.

　에베소 교회 성도들은 사도 바울을 통해 직접 배운 예수님에 대한 말씀과 성경 지식으로 성경의 내용을 잘 이해하고 있었습니다. 또한 헬라 철학의 배경까지 가지고 있었습니다. 하지만 그들은 하나님을 알지 못했습니다.

　이스라엘 백성도 천 년이 넘는 역사 속에서 출애굽을 비롯한 수많은 기적을 경험했습니다. 주변 나라들에까지 알려질 만큼 아름답고 웅장한 성전도 지었습니다. 그 성전에서 수많은 예배를 드렸습니다. 하지만 예레미야가 40년 동안 울면서 예언하고, 에스겔이 성전이 무너지고 성이 파괴될 거라고 예언했음에도 그들은 절대 믿지 않았습니다.

"우리는 하나님이 택한 백성이다. 우리는 선택된 민족이다. 우리에게 성전이 있는데 어떻게 망할 수 있단 말인가? 이렇게 하나님을 믿고 있는데 우리가 왜 망해?"

"지금 바벨론이 괴롭히기는 하지만 하나님이 곧 다시 평안을 주실 거야. 하나님이 지켜 주실 거야. 성전이 있는 이곳을 하나님이 보호해 주실 거야."

그러고는 오히려 예루살렘이 멸망하여 이스라엘 백성이 바벨론에 포로로 끌려갈 것이라 예언하는 선지자들을 핍박했습니다. 자기들이 하나님을 더 잘 알고 있다고 생각한 것입니다. 하지만 그들은 하나님을 몰랐습니다. 성전에서 온갖 우상을 숭배하고 산마다 산당을 세우면서도 하나님이 그런 그들의 모습을 어떻게 생각하실지 전혀 이해하지 못했습니다. 하나님이 포로로 끌려간 에스겔을 통해 "너희가 내가 여호와인 줄을 알게 될 것이다. 나라가 망하고 성전이 무너져 너희가 포로로 끌려가게 되면 내가 여호와인 줄을 알게 될 것이다"라고 반복해서 말씀하신 것도 모두 그 때문입니다.

흔히 에스겔하면 골짜기에 가득한 마른 뼈 환상이나 성전에서 흘러넘친 물이 창일해서 만물이 살아나는 환상만 생각합니다. 물론 그것도 하나님이 에스겔에게 보여 주신 것입니다. 하지만 그것은 모두 이스라엘 백성이 포로로 끌려가고, 나라가 멸망하고, 성전이 무너지고 난 다음, 그들이 하나님이 어떤 분인지 알게 될 때 이루어질 내용들입니다.

당신은 어떻습니까? 당신은 하나님을 알고 있습니까? 당신은 성경에서 하나님이 말씀하시는 것이 무엇인지, 전해 주기 원하시는 마음이 무엇인지, 계시하고 나타내고자 하시는 것이 무엇인지 깨달았습니까?

많은 사람이 열심히 교회에 나오고 열심히 성경말씀을 읽습니다. 하지만 그 속을 들여다보면 철저하게 자신의 감정과 기분과 상황에 따라 살아갑니다. 자기 것으로 충만한 나머지, 하나님의 깊은 비밀에는 아무런 관심이 없습니다.

저는 한국과 선교지에서 사역하는 동안 여러 교회를 세웠고, 많은 사람을 훈련했습니다. 말씀을 전할 때마다 많은 사람이 은혜를 받고 감동의 눈물을 흘렸습니다. 그들은 입을 모아 "이제부터 예수 그리스도의 제자로 살겠다"고 고백했습니다. "주님 뜻대로 살겠네"라며 뜨겁게 찬양했습니다. 하지만 그들 대부분 교회 문을 나서자마자, 받았던 은혜들을 잊어버렸습니다. "오늘 좋았어요.

은혜 많이 받았습니다"라는 고백이 사실은 정서적 감동인 경우가 많았던 겁니다. 예배를 통해 하나님을 만나거나 알아 가지 못하고, 그저 나의 감정과 정서에 위로와 힘을 얻었던 것입니다. 말씀에 감동을 받았으나 그것으로 삶을 바꾸지는 못했던 것입니다.

그렇다면 하나님을 알지 못할 때 우리에게 무슨 일이 벌어질까요? 하나님은 우리의 아버지요 우리를 지으신 분입니다. 그분은 우리의 왕이시고 우리의 주인이십니다. 그런데 그분을 알지 못하면 자기 자신이 누구인지도 알지 못하게 됩니다. 결국 우리를 지으시고 우리의 주인 되시는 분이 아닌 사람들과 세상의 평가를 바탕으로 자신에 대한 병들고 일그러진 이미지를 갖게 됩니다.

정체성에 문제가 생기면

월드컵 경기에 보내는 한국인의 응원은 전 세계적으로 유명합니다. 수천 명이 붉은 옷을 입고 길거리에 모여 "대한민국"을 외치는 모습은 정말 장관입니다. 저도 선교지에 있을 때 그 모습을 TV를 통해 보면서 엄청난 감동을 받았습니다. 목이 터지라 대한민국을 외치는 젊은이들의 함성이 제 귀에서 오랫동안 맴돌았습니다. 그런데 어느 날 이런 생각을 해보았습니다. 우리나라의 호칭은 '한국', '코리아' 등 다양하게 있는데, 왜 '대한민국'이란 호칭을 사용하는 걸까? 물론 대한민국이라는 호칭이 우리나라의 정식 국호라는 것을 저도 잘 압니다. 그러나 이는 일상에서는 많이 사용하지 않는 단어입니다. 그런데 왜 우리는 응원할 때만은 대한민국을 연호하는 것일까요?

저는 문득 우리가 대한민국을 외치는 이유가 '대'(大)라는 단어에 있다는 생각이 들었습니다. 그러면서 나라의 이름에 이 단어를 붙이는 나라가 별로 없다는 것을 발견했습니다. 정말 땅덩어리가 크고 강대한 나라들은 굳이 '대'(大)자를 붙이지 않습니다. 키가 큰 사람은 특별히 키높이 구두를 사서 신지 않듯이, 정말 큰 나라들은 굳이 이름에 '대'(大)자를 붙일 필요가 없는 것이지요. 오히려 작은 나라들이 '대'(大)자를 선호합니다. 영국, 일본, 한국 같은 나라들이 그렇습니다. 개인의 이름도 마찬가지입니다. 한국인 이름 가운데는 '대'(大)자가 들어가는 경우가 많습니다. 우리나라 대통령 이름 중에도 그런 경우가 많습니다. 왜 그럴까요?

저는 그 이유가 열등감 때문은 아닐까 생각합니다. 나라가 작은 탓에 힘없고 약하다는 열등감을 느끼고 있어서, 자기도 모르게 큰 걸 선호하는 것입니다. 큰 것을 좋아하고, 많이 모이는 것을 좋아하고, 유명한 것을 좋아합니다. 그래야 멋지고 훌륭하고 성공한 것이라고 생각하기 때문입니다.

이런 경향은 그리스도인도 다르지 않습니다. 머리가 될지언정 꼬리가 되어서는 안 된다고 기도합니다. 종도 그냥 종이 아니라 '큰' 종이 되기를 소망합니다. 교회 건물도 크고 성도가 많으면 '성공'했다고 생각하고, 작으면 '실패'했다고 여깁니다. 말로는 외향적인 것만이 중요하지 않다고 하지만, 사실 우리 모두 마음 한구석에 그런 생각을 갖고 있습니다.

해외에 갔을 때 엄청나게 큰 식당에 간 적이 있었습니다. 식당이 얼마나 큰지 천장에 달린 운반 장치로 음식을 나르고, 직원들은 롤러브레이드를 타고 다닙니다. 식당 안에 커다란 연못이 있어서 거기서 공연도 합니다. 그런데 음식은 맛이 없었습니다. 그래서 다시 가고 싶지는 않았습니다.

건물이 커야 좋은 식당입니까? 그렇지 않습니다. 음식이 맛있어야 좋은 식당입니다. 거기다 음식값까지 싸면 금상첨화일 것입니다. 세상에서 제일 맛없는 식당이 어딘 줄 아십니까? '육해공' 모든 요리를 다 만드는 식당입니다. 아무리 커도 그런 식당의 음식은 맛이 없습니다.

올바른 정체성, 건강한 자아상은 오직 하나님을 알 때에만 가질 수 있습니다. 창조자이신 하나님이 어떤 분인지 알아야 피조물인 자신이 어떤 존재인지 알 수 있습니다. 예수 그리스도가 모든 것의 주인 되신다는 것을 알아야 자신이 그분의 소유이며 종이라는 것을 알게 됩니다.

사도 바울이 바로 그런 사람입니다. 그가 '나는 예수 그리스도의 종'이라고 고백할 수 있는 까닭은 예수 그리스도가 주인이심을 명확하게 깨닫고 그분과의 관계를 자기 가치의 기반으로 삼았기 때문입니다. 이렇게 그리스도 안에서 자신의 정체성을 발견하고 나니 이후부터는 누가 뭐라고 해도 전혀 문제가 되지 않는 겁니다. 그 이후부터는 대(大)자를 붙이지 않습니다. 자기가 작다는 것 때문에 상처받지 않고 힘들어하지 않습니다. 예수 그리스도 안에서 자기를 발견하고 나니 종으로 취급받는 것이 부끄럽지 않습니다. 가진 것, 또는 안 가진 것에 따라 자신의 가치가 흔들리지도 않습니다.

삶의 진정한 자유도 소유가 아니라 하나님을 아는 것에서 옵니다. 50세가 넘어가면 교육의 평준화가 이루어지고, 60세가 넘어가면 외모의 평준화가 이루어진다고 합니다. 젊을 때는 학벌에 목을 매고, 멋지고 예쁜 외모를 갖기 위해 애쓰지만, 나이 들고 늙으면 학벌이나 외모가 별로 중요하지 않게 된다는 말입니다. 그리고 70세 가까이 되면 재정의 평준화가 온답니다. 재산이 많든 적든 죽는 것은 동일하다는 말입니다. 부자라고 밥 네 끼, 다섯 끼 먹는 것 아닙니다. 저희 아버지는 좋은 음식을 사 드려도 치아 상태가 좋지 않아서 잘 드시지 못합니다. 맛도 잘 모르신답니다.

세월이 흐르면 집의 소유 여부, 집의 크기, 옷의 브랜드, 음식의 가격이 아무런 의미가 없어지는 시절이 누구에게나 찾아옵니다. 지금은 목을 매지만, 시간이 지나고 나면 그런 것들이 중요하지 않다는 것을 깨닫게 됩니다.

정체성은 하나님과의 관계 안에서 규정된다

성경에는 "나는 누구인가?"라는 질문에 대한 정답이 기록되어 있지 않습니다. 사람들은 계속해서 이 질문에 대해 여러 가지 답을 내놓고 있습니다. 전에 누군가가 '인간은 투표하는 동물이다'라는 주제로 학위 논문을 쓴 것을 본 적이 있습니다. 세상에서 투표를 통해 의사결정을 내리는 동물은 인간밖에 없다는 겁니다. 이것이 학위 논문으로 쓸 만한 주제인지는 잘 모르겠습니다만, 그런 것도 있었습니다.

'인간은 도구를 사용하는 동물이다'라는 말도 있었습니다. 전에는 인간만이 도구를 사용하는 줄 알고 만든 말인데, 이후 동물도 도구를 사용한다는 것이 발견되었습니다. 특히 개미핥기는 개미

집에 나뭇가지를 넣고 개미를 끄집어내어 잡아먹습니다.

그 밖에도 인간이 어떤 존재인지 규명한 말은 많습니다. '사회적 존재다, 흔들리는 갈대다, 과거를 돌아보는 동물이다, 원래 선한 존재다, 원래 악한 존재다' 등이 그러합니다.

하지만 성경은 인간이 어떤 존재인지 설명하는 대신 하나님이 어떤 분이신지 가르쳐 줍니다. 그런 다음에 '하나님 안에서 나는 누구인가?'를 설명합니다.

하나님이 내 아버지가 되실 때 나는 그분의 자녀가 됩니다. 하나님이 내 신랑이 되실 때 나는 그분의 신부가 됩니다. 하나님이 나무의 그루터기가 되시면 나는 그분의 가지가 됩니다. 그분이 내 목자이시기 때문에 나는 그분의 양이 되고, 그분이 내 주인이시기 때문에 나는 그분의 소유와 종이 됩니다. 이와 같이 "나는 누구인가?"라는 질문에 대해 흔들리지 않는 정체성으로 답변하려면, 하나님이 어떤 분인지 먼저 발견하고 알아야 합니다.

하나님이 어떤 분인지 모르면 재산이나 외모, 돈, 소유물, 사람들의 인정 같은 것에서 자신의 정체성을 찾게 됩니다. 신앙연륜이 오래되고, 직분이 있고, 사역자라고 해도 마찬가지입니다. 우리의 정체성은 그런 것이 아니라 오직 하나님께 있습니다. 올바른 정체성은 오직 주님 안에서, 그분과의 관계 가운데서만 발견할 수 있습니다.

사도 바울이 자신을 예수 그리스도의 종이라고 표현한 것도 그 때문입니다(롬 1:1; 빌 1:1). 그는 하나님 안에 있지 않은 인간적인 것과 세상의 것들을 모두 해로운 것과 배설물로 여겼습니다. 그리스도 안에서 자기 자신을 발견하고 찾은 것입니다(빌 3:7-9).

초대교회에서 예수님을 지칭할 때 사용한 '주'(Lord)라는 호칭도 그런 맥락에서 이해할 수 있습니다.

초대교회 성도들은 예수님의 이름에 '주'와 '그리스도'를 붙여서 사용했습니다. 이는 사도 바울이 한 것과 동일한 신앙고백이었습니다. 예수님이 인생의 주인이시고 자신은 그분의 종이며, 예수님이 후원자와 보호자 되시고 자신은 그분의 돌봄을 입는 자라는 것, 그리고 예수님이 삶의 모든 것을 다스리며 주관하는 왕이시고 자신은 그분의 백성이라는 것, 예수님은 영원히 경배해야 할 하나님이시고 자신은 그분을 예배해야 하는 존재임을 인정하고 선포한 겁니다.

초대교회 성도들에게 "예수는 주님이시다"라는 고백은 (요즘 우리처럼) 교회에서 일상적으로 사용하는 종교적 표현 중 하나가 아니었습니다. 예수님을 주님으로 부르기 위해 그들은 목숨을 걸어야 했습니다. 당시 로마제국의 영토 안에서 '주님'으로 부를 수 있는 대상은 로마 황제 하나뿐이었습니다. 황제가 아닌 다른 누군가를 주님으로 부르는 것은 반역 행위에 해당하는 중죄였습니다. 로

마제국이 기독교를 탄압한 것도 그 때문입니다. 황제가 아니라 예수 그리스도를 주님으로 고백하며 선포하는 무리를 그냥 내버려 둘 수 없던 겁니다.

이와 같이 예수님을 주님으로 고백하는 것은 매우 중요한 일입니다. 예수님도 이 고백의 의미를 모른 채 입술로만 주를 부르는 이들에게 매섭게 경고하셨습니다.

> [21] 나더러 주여 주여 하는 자마다 다 천국에 들어갈 것이 아니요 다만 하늘에 계신 내 아버지의 뜻대로 행하는 자라야 들어가리라(마 7:21).

지금 한국교회가 사회로부터 지탄받는 이유는 예수 그리스도가 아닌 다른 것에 자신의 정체성과 안정감을 두고 있기 때문입니다. 많은 그리스도인이 자신이 누구이며 어디에 있어야 하는지, 어디로 가야 하는지 알지 못한 채 방황하고 있습니다. 이는 하나님이 어떤 분인지 알지 못하기 때문에 나타나는 증상입니다. 하나님이 어떤 분인지 모르기 때문에 그 안에서 자신의 정체성을 찾을 수 없는 겁니다.

개인이든 공동체든 자신이 어떤 존재인지 알기 원한다면 먼저 하나님이 어떤 분이신지 알고 예수 그리스도가 주인이심을 깨달아야 합니다.

주님의 주인 되심을
깨닫기 원합니다

에베소 교회 성도들도 이와 동일한 영적 상태에 놓여 있었습니다. 예수 그리스도를 구주로 믿고 그분의 십자가 복음에 참여했으면서도 그들은 자신들이 하나님의 거룩한 백성임을 인식하지 못하고 있었습니다. 성경말씀은 많이 알고 있었지만 그저 지식으로 쌓아 둘 뿐 하나님의 거룩한 백성으로 살아가는 데 적용하지 않았습니다. 자신이 누구인지 모르기 때문에 그렇게 해야 할 필요를 느끼지 못한 것입니다. 그 이유가 무엇일까요? 하나님을 올바로 알지 못하기 때문입니다. 하나님이 자신과 공동체와 온 세상을 소유하고 다스리시는 왕과 주인이심을 알지 못하기 때문입니다. 그래서 에베소 교회 성도들도 왕이 없었던 구약 사사시대 이스라엘 백성처럼 자기 소욕을 좇아 살게 된 것입니다(삿 17:6).

그래서 사도 바울은 "하나님, 에베소 교회 성도들이 지혜와 계시의 성령으로 하나님이 누구신지 알게 해주십시오. 하나님이 어떤 분인지 경험하고 하나님의 마음을 깨닫게 해주십시오. 하나님이 무엇을 원하시는지, 에베소 교회 성도들을 향한 하나님의 계획이 무엇인지 알게 해주십시오"라고 기도했습니다.

사실 우리가 하나님을 아는 것은 다름 아닌 하나님의 간절한 소망입니다. 하나님의 말씀을 기록한 성경의 두께만 봐도 그것을 알 수 있습니다. 하나님이 성경을 이토록 두껍게 기록하신 것은 바로 그분의 백성인 우리가 하나님을 알기 원하시기 때문입니다.

그래서 하나님을 아는 것은 우리가 가장 간절하게 구해야 할 기도 제목이기도 합니다.

"하나님을 정말로 알고 싶습니다. 진정으로 하나님이 어떤 분인지 알고 싶습니다. 성경 지식으로 아는 게 아니라, 설교 시간에 주워들은 풍월로 아는 게 아니라, 성령이 깨닫게 하심으로 하나님을 알고 경험하고 싶습니다. 하나님의 마음이 무엇인지 보게 해주십시오."

누구나 이렇게 기도해야 할 줄 믿습니다.

오직 지혜와 계시의 성령으로

그러나 우리는 하나님을 아는 것을 지적인 영역에 가둬 놓을 때가 많습니다. 성경을 많이 읽고 연구하며 은혜로운 설교를 많이 들으면 하나님을 알 수 있다고 생각하는 것입니다. 정말로 인간의 이성과 지성과 논리로 하나님을 알 수 있을까요?

골로새서 1장에서 사도 바울은 예수 그리스도의 하나님 되심을 보여 줍니다.

> ¹⁵그는 보이지 아니하는 하나님의 형상이시요 모든 피조물보다 먼저 나신 이시니 ¹⁶만물이 그에게서 창조되되 하늘과 땅에서 보이는 것들과 보이지 않는 것들과 혹은 왕권들이나 주권들이나 통치자들이나 권세들이나 만물이 다 그로 말미암고 그를 위하여 창조되었고 ¹⁷또한 그가 만물보다 먼저 계시고 만물이 그 안에 함께 섰느니라 ¹⁸그는 몸인 교회의 머리라 그가 근본이시요 죽은 자들 가운데서 먼저 나신 이시니 이는 친히 만물의 으뜸이 되려 하심이요(골 1:15-18).

창조 이전부터 계셨고 모든 것을 창조하신 분, 만물이 그 안에 있고 만물의 으뜸이신 주권자가 바로 예수 그리스도이십니다. 골로새서 1장 말씀은 실로 놀랍고 어마어마한 선언이자 신앙고백입니다. 하지만 우리는 이 본문을 읽고도 별다른 충격이나 감동을 받지 않습니다. 성경을 많이 알거나 교회를 오래 다닌 성도라면 '아, 이 말씀 많이 들어봤지. 그래, 예수님이 창조주이시고 통치자이시지!'라고 반응하는 것이 전부일 겁니다. 이토록 명쾌하고 똑 부러지게 예수 그리스도의 신성을 펼쳐 보여 주는데, 왜 아무 일도 일어나지 않는 걸까요? 대통령이나 대기업 회장, 유명 연예인의 이야기에는 금방 솔깃해하면서 어떻게 만유의 주재 앞에서 이렇게 무덤덤할 수 있단 말입니까?

우리의 머리로 이해할 수 있는 범위를 넘어선 이야기이기 때문입니다. 하나님은 우리의 이성과 논리로는 그 비슷한 것조차 떠올릴 수 없는 분입니다. 상상할 수도 없고 경험해 본 적도 없는 존재를 어떻게 인지하고 느낄 수 있겠습니까? 불가능한 일입니다.

그런 하나님을 우리의 지식으로 알 수 있겠습니까? 공부를 많이 한다고 알 수 있을까요? 그래서 사도 바울이 에베소 교회 성도들을 위해 성령의 지혜와 계시를 간구한 것입니다. 인간은 성령님이 지혜와 계시를 부어 주실 때만 하나님을 알 수 있습니다. 성령의 지혜와 계시로 그 하나님을 알게 되면 그 자리에 가만히 앉아 있을 수 없습니다. 그토록 놀라운 분을 만났는데도 변하지 않을 사람은 없습니다.

사도 바울을 비롯해서 하나님의 계시를 깨달은 수많은 사람이 그 증인입니다. 하나님을 만난 사람은 모두 삶이 바뀌었습니다. 하나님을 만났는데 바뀌지 않았다면 그것이 바로 기적입니다. 모든 것을 지으시고 다스리는 주인이신 하나님을 알게 되었는데 어떻게 예전처럼, 어떻게 지금 모습 그대로 살아갈 수 있겠습니까?

정말로 하나님을 주인으로 알게 되었다면, 정말로 하나님을 주인으로 만났다면 결코 그럴 수 없습니다.

어두운 마음의 눈이 밝아지다

그렇다면 모든 것의 주인이신 하나님을 알 때 우리에게 어떤 변화가 일어날까요?

사도 바울은 에베소 교회 성도들이 하나님을 알게 해 달라고 기도한 뒤에, 하나님을 알게 될 때 자연스럽게 나타나는 변화에 대해 이야기합니다. 그것은 바로 마음의 눈이 밝아지는 것, 마음의 눈이 열리는 것입니다.

> 18 너희 마음의 눈을 밝히사 그의 부르심의 소망이 무엇이며 성도 안에서 그 기업의 영광의 풍성함이 무엇이며 19 그의 힘의 위력으로 역사하심을 따라 믿는 우리에게 베푸신 능력의 지극히 크심이 어떠한 것을 너희로 알게 하시기를 구하노라(엡 1:18-19).

하나님을 알지 못하면 자연스럽게 육신의 눈이 발달하게 됩니다. 그렇게 되면 눈에 보이는 것만을 추구하며 살게 됩니다. 돈과 외모, 권력, 성공의 노예가 되어 살아가는 것은 모두 참된 주인이신 하나님을 모르기 때문에 벌어지는 일입니다.

부르심의 소망을
알게 되다

사도 바울이 간구한 대로 하나님을 알고 마음의 눈이 밝아지면 어떤 일이 일어날까요?

첫째, 부르심의 소망이 무엇인지 알게 됩니다. 신학교 입학시험에서 면접 때마다 빠지지 않고 등장하는 질문이 하나 있습니다. 바로 "왜 신학교에 왔습니까?" 또는 "목회자의 소명을 받았습니까?"라는 것입니다. 목회자가 되는 것이 정말로 주님의 뜻인지 확인했는지, 확신하고 있는지 묻는 것입니다. 그래서 신학교에 가려는 이들 중에는 산에 올라가 철야기도를 하며 나무도 몇 그루 뽑고, 며칠씩 금식하면서 하나님의 응답을 구하는 이들이 많습니다.

"주여, 확실한 증거를 보여 주소서. 정말 이 길을 가야 합니까?"

목회자로서의 소명에 대한 특별하고 분명한 증거를 얻고 싶은 겁니다. 그래서인지 한국교회 안에는 부르심이나 소명을 목회자나 사역자와 관련된 것으로만 생각하는 경향이 많습니다. 주님이 그분의 백성을 신학교 한 곳으로만 부르시고, 목회와 기독교 사역 이외의 일과 직업에는 아무런 관심이 없는 분이신 것처럼 말입니다. 정말 그러하다면, 모든 그리스도인이 신학교에 가서 목사와 선교사가 되어야 하지 않겠습니까?

하나님은 그리스도인 각 사람을 다양한 자리로 부르시고, 그 가운데 풍성한 계획을 베푸시는 분입니다. 하지만 우리는 이렇게 생각합니다. '난 목사도 아니고 선교사도 아니니까 돈 많이 벌어서 교회에 헌금 많이 하면 되지 뭐.' '돈 많은' 장로님과 권사님이 되는 걸로 만족한다는 얘기입니다.

그런데 하나님도 그런 부자 장로님과 부자 권사님을 원하실까요? 돈보다 '믿음이 더 큰' 장로님과 권사님을 원하지 않으실까요? 그런데 안타깝게도 한국교회에서 이런 사람을 찾아보기 힘든 듯합니다. 신앙은 교회나 선교지에서 필요할 뿐, 일상과 일터에서는 착하게 살면서 가끔 전도하고 십일조를 잘하는 정도면 충분하다고 생각하는 이들이 많습니다. 왜 그럴까요?

하나님의 부르심을 영적인 영역, 종교적인 영역에만 국한해서 이해하기 때문입니다. 하나님이 모든 그리스도인을 저마다의 자리와 역할로 부르셨음을 모르기 때문입니다.

그러므로 나를 향한 그분의 부르심이 무엇인지 발견하려면, 하나님을 알고 어두운 마음의 눈이 밝아져야 합니다. 주인 되신 하나님을 알아야만 종 된 나를 향한 그분의 부르심, 계획을 깨달을 수 있습니다. 전에는 명문 학교를 나오고 높은 연봉을 주는 대기업에서 일하는 것을 목표로 삼았다면, 하나님을 알게 된 이후에는 마음의 문이 열려 어느 곳이든 주님의 부르심에 순종하며 나아갈 수 있습니다.

7년 동안 사역하던 몽골에서 추방을 당해 한국으로 돌아온 다음 날 아침이었습니다. 묵상을 하려고 성경을 펼쳤는데 눈물이 왈칵 쏟아지기 시작했습니다. 제가 주님께 이렇게 물었습니다.

"하나님, 저는 이제부터 무엇을 해야 합니까? 이제 어디로 가야 합니까?"

그때 하나님이 제 마음속에 이렇게 말씀하시는 듯했습니다.

"기호야, 너는 무엇을 하고 싶으냐?"

그런데 이 질문에 제가 대답할 말이 없었습니다. 몽골에 돌아가고 싶기도 하지만 가기 싫기도 했고, 쫓겨나 속상하기도 했지만 감사하기도 했습니다. '몽골에 뼈를 묻겠다'는 결단이 생각나는 한편 '다 끝난 일인데 그만두자'는 체념의 마음도 일었습니다. 더 답답한 것은 제 안에 하고 싶은 것이 아무것도 없다는 사실이었습니다. 그때 주님이 제게 기억나게 하신 것이 바로 이 '부르심의 소망'이었습니다.

7년 전 몽골로 떠날 때 저는 주님의 부르심에 대한 소망을 품고 있었습니다. 20년 전, 아무것도 보장해 주지 않는 자비량 선교 단체 사역을 시작할 때도 저는 부르심의 소망을 갖고 있었습니다. 하지만 몽골에서 오랫동안 사역하면서 그 소망을 잃어버리고 말았습니다. 제가 무엇을 위해 몽골 땅에 왔는지, 무엇을 향해 달려

가야 하는지 잊어버린 것입니다. 그저 기계처럼 정해진 계획을 따라 동일한 일을 반복할 뿐이었습니다. 사람들은 "선교사님, 몽골에서 수고가 많으십니다. 정말 애쓰고 계십니다"라고 칭찬하고 격려했지만, 사실 부르심의 소망 없이 하루하루 살았습니다. 달리 선택할 길도 없고, 할 만한 다른 일도 없고, 오라고 불러 주는 곳도 없어서 그냥 버티고 앉아 있었던 겁니다. 부끄럽지만 몽골에서 추방당한 후에야 비로소 저는 그런 제 모습을 깨닫게 되었습니다.

그래서 주님께 이렇게 기도했습니다.

"주님의 부르심에 대한 소망을 회복하고 싶습니다. 정말 주님의 뜻이 무엇인지, 정말 주님이 제게 원하시는 것이 무엇인지 알기 원합니다. 살 집이 있고 탈 차가 있고 할 일이 있어서가 아니라, 그냥 거기 살기로 해서가 아니라 주님이 부르셨기 때문에 머무르고, 주님이 부르셨기 때문에 떠나고 싶습니다. 주님이 제 삶을 통해 이 땅에서 행하기 원하시는 바로 그것을 하고 싶습니다."

지금 당신은 어떻습니까? 지금 당신이 서 있는 바로 그곳이 주님이 부르신 곳이 맞습니까? 지금 당신은 자신이 달려가야 할 푯대를 바라보고 있습니까?

하나님을 모르는 사람들은 대학을 졸업해서 직장에 들어가고, 혼자 살기 힘들면 결혼을 하고, 결혼해서 살다가 자녀를 낳고, 나이를 먹고 노후를 보내다가 죽는 것이 인생이라고 생각합니다. 인생이 다 그렇고, 사는 게 다 그렇고, 다들 그렇게 산다고 말합니다. 그러나 하나님을 아는 사람은 그렇게 살 수 없습니다. 하나님을 알고 지혜와 계시의 성령을 통해 마음의 눈이 열린 사람은 절대 그렇게 살지 않습니다. 하나님으로부터 분명한 부르심의 소망을 발견하여 그것을 따라 살게 되기 때문입니다.

성도에게 베푸신 기업의 영광의 풍성함을 알게 되다

하나님을 알고 마음의 눈이 밝아질 때 나타나는 두 번째 현상은, 성도 안에서 그 기업의 영광이 얼마나 풍성한지 알게 되는 것입니다.

하나님은 우리의 생각을 뛰어넘는 풍성한 기업을 성도에게 허락하십니다. 이것은 세상이 아니라 하나님 나라의 기업이며, 하나님의 백성인 우리에게 주시는 그분의 기업입니다. 그래서 사도 바울은 이렇게 기록합니다.

> 3 찬송하리로다 하나님 곧 우리 주 예수 그리스도의 아버지께서 그리스도 안에서 하늘에 속한 모든 신령한 복을 우리에게 주시되(엡 1:3).

²⁰ 우리 가운데서 역사하시는 능력대로 우리가 구하거나 생각하는 모든 것에 더 넘치도록 능히 하실 이에게(엡 3:20).

읽기만 해도 가슴이 뛰는 약속의 말씀입니다. 기도하는 것들만 응답해 주셔도 감사한 일인데, 속으로 생각만 하고 차마 구하지 못한 것까지 채워 주신다니 얼마나 놀라운 일입니까? 아니, 이 말씀은 그 수준을 뛰어넘습니다. 어떤 것을 생각하든 그보다 더 넘치게 행하신다는 것은 생각해 본 적도 없고 꿈도 꿔 보지 못한 일들을, 기도하기는커녕 그런 일이 일어날 거라고 단 한 번도 상상해 보지 않은 일들을 이루시겠다는 겁니다. 하지만 우리는 이 약속을 믿지 않습니다. 하나님 나라의 영광의 기업의 풍성함을 헤아리지 못하기 때문입니다.

몽골에서 추방되어 한국으로 돌아왔을 때, 저를 불쌍히 여기는 눈으로 바라보며 위로하는 분이 많았습니다.

"어떻게 해요, 선교사님. 이제 뭐하실 거예요?"

"말씀은 안 해도 지금 그 속이 얼마나 아프고 힘드시겠어요."

하지만 부르심의 소망을 회복한 뒤로는 별로 슬프지 않았습니다. 하나님이 베푸신 것들을 돌아보니 슬퍼할 이유가 전혀 없었습니다. 몽골에서 살았던 7년의 시간은 제게 정말 행복한 시간이었습니다. 그 기간에 하나님이 베풀어 주신 복이 얼마나 놀라웠으며, 하나님 나라 기업의 영광의 풍성함이 얼마나 큰지 말로 다할 수 없었습니다. 그것을 깨닫고 나니 앞으로의 진로와 계획에 대한 믿음이 생기기 시작했습니다.

하나님이 제주도에 있으라고 하시면 제주도에 있고, 서울에 있으라고 하시면 서울에 있고, 다른 나라로 가라고 하시면 다른 나라로 가면 됩니다. 많은 교회를 세우고, 많은 사람을 양육하고, 다양한 훈련 과정을 여는 등의 일을 해야만 하나님이 영광 받으시는 것은 아닙니다. 몽골에서 돌아와 아무런 대책 없이 지내던 시절, 아이들과 방에 나란히 누워 있는 것만으로 얼마나 행복했는지 모릅니다. 덕분에 정말 오랜만에 아이들과 뒹굴며 이런저런 이야기를 나눌 수 있었습니다. 바쁘게 사역할 때는 누리지 못한, 일을 통해서는 결코 얻지 못했을 많은 것을 그 시간에 배울 수 있었습니다. 또 전에는 제주도가 그렇게 아름다운 땅인지, 유채꽃이 그렇게 아름다운 꽃인지 몰랐습니다. 그런데 몽골처럼 자연환경이 척박한 곳에 살다 돌아오니 모든 것이 예쁘고 좋아 보였습니다. 집도 아무런 살림살이도 없이 열방대학 방 한 칸에 살았지만, 그때 저는 하나님 나라의 기업의 풍성함을 누릴 수 있었습니다.

하나님 안에서 누리는 기쁨은 우리가 생각하는 것과 다릅니다. 하나님은 땅에 속한 육신적인 것이 아니라 우리의 생각을 뛰어넘는, 하늘에 속한 신령한 것을 주기 원하십니다. 그것이 얼마나 풍성한지 온전히 깨닫기만 한다면, 부르심의 길을 가는 데 조금도 주저하지 않게 될 것입니다. 부르심의 소망을 품기 위해 그 어떤 것도 아까워하지 않고 대가를 지불하게 될 것입니다. 하나님을 알고 마음의 눈이 밝아진 사람에게 나타나는 두 번째 특징이 바로 그것입니다.

에베소서를 기록하던 당시 사도 바울은 감옥에 갇혀 있었습니다. 세상 사람의 눈에 사도 바울은 범죄자요 실패한 인생일 뿐입니다. 한낱 종교 때문에 자유와 미래를 포기한 어리석은 바보일 뿐이었습니다. 하지만 사도 바울은 세상 사람들이 결코 볼 수 없는 하나님 기업의 영광의 풍성함을 깨달았습니다. 기도하고 생각하는 것보다 더 넘치게 채우시는 하나님의 놀라운 은혜를 경험했고, 그래서 에베소 교회 성도들도 자신처럼 그것을 알게 되기를 구한 것입니다.

우리에게 베푸시는 능력의 지극히 크심을 알게 되다

하나님을 알고 마음의 눈이 밝아진 사람이 세 번째로 깨닫게 되는 것은 무엇일까요? 우리에게 베푸시는 하나님의 능력이 지극히 크시다는 것입니다.

한국교회에는 성령님에 대한 오해가 많습니다. 그중 가장 큰 오해는 성령님을 능력으로만 여기는 것입니다. 물론 성령님은 능력이시지만, 그 능력이 어떤 능력인지 오해할 때가 많습니다.

사도행전 1장에서 주님은 제자들에게 중대한 임무를 부여하셨습니다.

> 8 오직 성령이 너희에게 임하시면 너희가 권능을 받고 예루살렘과 온 유대와 사마리아와 땅 끝까지 이르러 내 증인이 되리라 하시니라(행 1:8).

그러고는 냉큼 하늘로 올라가 버리셨습니다. 이렇게 엄청난 임무를 받아든 예수님의 제자들은 어떤 반응을 보였을까요? 당신이 예수님의 제자 중 한 사람이었다면 어떻게 했을까요?

주님은 제자들에게 예루살렘에 모여 성령을 기다리라고 말씀하십니다(행 1:4). 하나님이 약속하신 성령이 임하신다는 것입니다. 왜 그렇게 해야 합니까? 제자들에게는 예수 그리스도로부터 말미암은 부르심이 있었고, 3년이 넘는 오랜 시간 동안 주님의 말씀과 행하심을 보고 들으며 키워 온 믿음이 있었으며, 방금 온 세상을 무대로 나아가라는 주님의 비전까지 받았습니다. 그런데 뭐가 더 필요하다는 말입니까? 곧바로 뛰어나가 예수 그리스도의 구속과 부활의 은혜를 선포하면 되는 것 아닙니까?

그 답은 예수님이 마지막으로 남기신 사도행전 1장 8절의 맨 앞에 놓인 '오직'이라는 단어에 있습니다. 주님은 예루살렘과 온 유대와 사마리아와 땅 끝까지 이르러 그분의 증인이 되는 길은 바로 성령이 임하시고, 하나님이 약속하신 권능을 받는 것입니다. 비전이 있어도, 부르심의 소망을 품어도 예수 그리스도의 증인이 되는 것은 성령의 능력이 아니고는 불가능한 일입니다. '오직' 하나님의 능력으로만 가능한 일입니다.

그래서 사도 바울도 에베소 교회 성도들의 마음의 눈이 밝아져, 그들에게 베푸시는 하나님의 능력이 얼마나 큰지 깨닫게 되기를 기도합니다. 문제투성이 에베소 교회가 어떻게 예수 그리스도의 증인과 제자로 변화될 수 있겠습니까? 성경 지식이나 제자 훈련으로 가능할까요? 그렇다면 에베소 교회 성도들은 사도 바울이 말씀을 가르친 3차 전도여행 때 변화되었을 것입니다.

예수 그리스도도 하나님의 지극히 크신 능력을 통해 죽은 자들 가운데서 다시 살아나 하나님의 보좌 오른편에 앉으셨습니다. 그분을 모든 통치와 권세와 능력과 주권과 역사 가운데 존재하는 모든 것 위에 뛰어나게 하신 것, 만물을 그 발 아래 복종하게 하고 만물 위에 교회의 머리가 되게 하신 것도 모두 하나님의 능력입니다. 사실은 하나님을 알고, 부르심의 소망을 따르고, 하나님 나라의 기업의 풍성함을 누리게 해 달라는 사도 바울의 기도도 하나님의 능력으로만 가능한 것입니다. 그래서 사도 바울이 에베소 교회에 터진 문제를 해결해 달라고 기도하는 대신, 하나님이 베풀기 원하시는 능력이 얼마나 크고 놀라운지 알게 해 달라고 간구한 것입니다.

우리는 아무것도 할 수 없는 연약한 존재입니다. 모든 것이 한순간에 무너지고 앞이 전혀 보이지 않는 절망 가운데 있을 때, 어떻게 해야 할지 몰라 쓰러져 있을 때, 우리는 이 모든 것을 이길 힘이 오직 하나님의 능력뿐임을 기억해야 합니다. 우리에게 베푸시는 하나님의 능력, 성령의 능력은 우리의 생각 이상으로 아주 큽니다. 그것을 믿는 사람만이 다시 일어나 가야 할 바를 행할 수 있습니다.

주님이 주인 되셔야
나도 제자리를 찾는다

사도 바울은 에베소 교회에 문제가 많다는 소식을 듣고 그들을 위해 기도합니다. 어떻게 기도했을까요? 우리 같으면 당장 교회에 닥친 문제를 해결해 달라고 매달렸을 테지만, 그의 기도에는 우리의 예상과는 다른 내용이 담겨 있었습니다. 그는 가장 중요한 본질을 붙잡았습니다. 그것은 바로 '예수 그리스도 안에서 나는 누구인가?'라는 문제였습니다. 그는 에베소 교회가 치유받고 회복되려면 무엇보다 먼저 에베소 교회 교인들이 하나님의 '성도'라는 자신의 정체성을 깨달아야 한다고 생각했습니다.

그것은 부르심의 소망이 어떤 것인지, 성도 안에서 그 기업의 영광이 얼마나 풍성한지, 믿는 자에게 베푸신 능력이 얼마나 큰지 깨닫는 것입니다. 사도 바울은 에베소 교회 성도들이 이것을 깨달으면 그들 스스로 공동체 안의 여러 문제를 바르고 건강하게 해결할 수 있다고 확신했습니다.

하지만 예수 그리스도 안에서 내가 누구인지 알려면 우선적으로 꼭 해야 할 일이 있습니다. 그것은 바로 예수 그리스도가 누구신지 아는 것, 즉 하나님을 아는 것입니다. 하나님이 어떤 분인지 알아야 그 안에서 내가 어떤 존재인지 알 수 있으니까요.

에베소 교회를 위한 사도 바울의 기도가 이 지점에서 시작되는 것도 바로 그 때문입니다.

당신은 어떻습니까? 하나님의 부르심이 무엇인지 알고 있습니까? 당신을 향한 하나님의 마음을 깨달으셨습니까? 당신을 이때 이 땅 가운데 있게 하시고, 주님을 믿게 하신 그분의 계획을 알고 있습니까? 아직도 이 질문들에 대한 답을 갖고 있지 않다면, 이 질문들의 답을 알기 원한다면, 먼저 주님을 알게 해 달라고 기도해야 합니다.

예수 그리스도가 나의 주인이심을 알게 해 달라고 기도해야 합니다. 그분이 주인이심을 깨달을 때 비로소 우리도 제자리를 찾을 수 있습니다. 주님이 주인 되실 때 비로소 마음의 눈이 열리고 우리를 향한 주님의 마음과 뜻을 깨닫게 될 것입니다. 감옥에 갇혀서도 에베소 교회를 위해 간구한 사도 바울처럼 간절히 부르짖으며 기도하면, 하나님이 우리에게 찾아오셔서 말씀하시고 그분의 뜻을 보여 주실 것입니다.

chapter 3

나는 자꾸만
주 인 의
자 리 에
앉 으 려 고
한   다

뜬금없는
안식 이야기

성경을 읽다 보면 종종 문맥상 흐름과 전혀 관계없는 내용이 튀어나오는 것을 경험합니다. 히브리서 3장에도 그런 내용이 나오는데, 히브리서 기자는 3장을 시작하면서 예수님이 얼마나 뛰어나신 분인지 설명하기 위해 예수님을 모세와 비교합니다.

> [1] 그러므로 함께 하늘의 부르심을 받은 거룩한 형제들아 우리가 믿는 도리의 사도이시며 대제사장이신 예수를 깊이 생각하라 [2] 그는 자기를 세우신 이에게 신실하시기를 모세가 하나님의 온 집에서 한 것과 같이 하셨으니 [3] 그는 모세보다 더욱 영광을 받을 만한 것이 마치 집 지은 자가 그 집보다 더욱 존귀함 같으니라 [4] 집마다 지은 이가 있으니 만물을 지으신 이는 하나님이시라 [5] 또한 모세는

장래에 말할 것을 증언하기 위하여 하나님의 온 집에서 종으로서 신실하였고 ⁶ 그리스도는 하나님의 집을 맡은 아들로서 그와 같이 하셨으니 우리가 소망의 확신과 자랑을 끝까지 굳게 잡고 있으면 우리는 그의 집이라(히 3:1-6).

그리고 4장에서는 예수님이 모든 사역 가운데 어떤 제사장보다 더 뛰어난 제사장이심을 말합니다.

¹⁴ 그러므로 우리에게 큰 대제사장이 계시니 승천하신 이 곧 하나님의 아들 예수시라 우리가 믿는 도리를 굳게 잡을지어다 ¹⁵ 우리에게 있는 대제사장은 우리의 연약함을 동정하지 못하실 이가 아니요 모든 일에 우리와 똑같이 시험을 받으신 이로되 죄는 없으시니라 ¹⁶ 그러므로 우리는 긍휼하심을 받고 때를 따라 돕는 은혜를 얻기 위하여 은혜의 보좌 앞에 담대히 나아갈 것이니라(히 4:14-16).

그런데 3장 중간을 보면 문맥상의 흐름과 관계없는 이야기가 나옵니다.

⁷ 그러므로 성령이 이르신 바와 같이 오늘 너희가 그의 음성을 듣거든 ⁸ 광야에서 시험하던 날에 거역하던 것같이 너희 마음을 완고하게 하지 말라 ⁹ 거기서 너희 열조가 나를 시험하여 증험하고 사십 년 동안 나의 행사를 보았느니라 ¹⁰ 그러므로 내가 이 세대에게 노하여 이르기를 그들이 항상 마음이 미혹되어

내 길을 알지 못하는도다 하였고 ¹¹ 내가 노하여 맹세한 바와 같이 그들은 내 안식에 들어오지 못하리라 하였다 하였느니라(히 3:7-11).

히브리서 기자는 예수님이 모세나 인간 제사장들보다 뛰어난 분이심을 설명하던 중에 뜬금없이 '안식'에 관해 이야기합니다. 그 이유는 무엇일까요?

'안식'하면 대부분 '쉼'을 생각합니다. 물론 안식은 '쉼'을 의미합니다. 엿새 동안 세상을 창조하신 하나님도 일곱째 날, 그러니까 안식일에 쉬셨습니다. 그런데 이렇게 하나님이 창조의 사역을 마친 뒤 안식하셨다는 사실은 안식이 그냥 쉬는 것이 아니라 무언가 이루고 성취한 후에 주어지는 것임을 보여 줍니다. 즉, 하나님은 죄와 사망에서 구원받아 그분의 자녀가 된 우리에게 영원한 안식을 주기 원하시는데, 그 참된 안식은 구원받은 이후의 삶을 통해 하나님이 원하시는 뜻이 온전히 이뤄질 때 비로소 얻을 수 있다는 말입니다.

히브리서 기자는 출애굽 한 이스라엘 백성이 광야에서 어떻게 행동했는지 설명하면서, 우리도 그들처럼 안식에 들어가지 못하는 자들이 되지 않도록 조심하라고 경고합니다. 애굽에서 이스라엘 백성은 인간 이하의 취급을 받으며 노예로 살았습니다. 그러다 계획하신 때가 되자 하나님이 모세를 보내어 열 가지 재앙으로 모든 신과 바로를 제압하신 뒤 이스라엘 백성을 구해 주셨습니다. 그런데 성경에는 이스라엘 백성이 애굽을 탈출하는 숨 가쁜 장면이 이렇게 기록되어 있습니다.

> 41 사백삼십 년이 끝나는 그 날에 여호와의 군대가 다 애굽 땅에서 나왔은즉 (출 12:41).

성경은 이스라엘 백성을 '여호와의 군대'라고 부릅니다. 그런데 사실 이스라엘 백성의 모습은 어땠습니까? 뼛속까지 노예근성이 들어찬 오합지졸에 불과했습니다. 그럼에도 성경은 그들을 군대로 표현하고 있습니다. 어떻게 그럴 수 있을까요?

이는 하나님이 그들을 애굽의 종살이에서 구원할 뿐만 아니라 그분의 계획을 성취하는 군대로 삼기 위해 부르셨다는 뜻입니다. 그래서 히브리서 기자가 이스라엘 백성에게 약속의 땅에 들어가 누릴 참되고 영원한 안식이 있었다고 이야기한 것입니다. 하지만 이스라엘 백성은 안식이 약속된 가나안 땅에 들어가지 못하고 광야에서 파란만장한 삶을 마치고 말았습니다.

구원받은 하나님의 백성에게 이런 비극이 벌어진 까닭은 무엇이었을까요?

하나님이 아닌 세상에 빠지다

히브리서 기자는 그 이유를 두 가지로 설명합니다.

첫 번째는 완고한 마음입니다(히 3:8). 애굽에서 나와 광야에 들어선 이스라엘 백성은 하나님의 시험과 맞닥뜨립니다. 하지만 안타깝게도 그들은 하나님의 약속을 망각하고 마음이 완고해져서, 불순종과 거역의 죄를 범하고 말았습니다. 결국 그 일 때문에 약속의 땅에 들어가지 못했습니다.

마음이 완고해진 이스라엘 백성은 오히려 하나님을 시험하며 그분의 말씀을 거역하고 미혹되어 하나님의 길을 아예 깨닫지 못했습니다. 애굽을 떠나 홍해를 건너면서 하나님이 그들의 주인이 되셨지만, 그들은 전혀 그것을 의식하지 못했습니다. 먼 옛날 선악과를 따먹고 하나님의 다스리심을 거부하며 주인 노릇을 하려던 그들의 조상처럼 말입니다. 그들은 모두 하나님이 아닌 다른 것에 빠져 있었습니다. 그것은 무엇이었을까요?

15 이 세상이나 세상에 있는 것들을 사랑하지 말라 누구든지 세상을 사랑하면 아버지의 사랑이 그 안에 있지 아니하니 16 이는 세상에 있는 모든 것이 육신의 정욕과 안목의 정욕과 이생의 자랑이니 다 아버지께로부터 온 것이 아니요 세

상으로부터 온 것이라(요일 2:15-16).

본문은 하나님 아버지의 자리를 빼앗을 만큼 강력하게 우리의 내면을 사로잡는 '세상'에 대해 이야기합니다.

신약성경에서 '사랑'이라는 단어가 나올 때는 주의 깊게 살펴볼 필요가 있습니다. 헬라어의 문법적 특성상 '사랑'이라는 단어를 아무 데나 사용하지 않기 때문인데, 헬라어에는 '사랑'으로 번역되는 단어가 여러 가지 있습니다. 우리를 향한 하나님의 사랑을 의미하는 '아가페'(αγάπη), 부모와 자식 간의 사랑을 의미하는 '스토르게'(στοργη), 친구 간의 사랑을 의미하는 '필리아'(φιλια), 남녀 간의 사랑을 의미하는 '에로스'(ερως)까지 전부 '사랑'으로 번역합니다. 단, 이 단어들을 사용하려면 한 가지 조건을 지켜야 하는데, 반드시 주어나 목적어가 인격적인 존재여야 한다는 것입니다. 다시 말해, 하나님과 사람에게만 사용할 수 있다는 겁니다.

반면 우리말의 '사랑'이라는 단어는 그 대상이 매우 폭넓습니다. 꽃도 사랑하고 집도 사랑하고 차도 사랑하고 개도 사랑합니다. 하지만 헬라어에서는 ('like'와 'love'가 다른 것처럼) 꽃에 대한 사랑과 연인에 대한 사랑이 다릅니다. 헬라어로는 '꽃을 사랑한다'고 말할 수 없습니다. 그것은 좋아하는 것이지 사랑하는 것이 아니기 때문입니다. 강아지도 마찬가지입니다. 좋아할 수는 있지만 사랑할 수는 없습니다. 인격체가 아니기 때문입니다.

그런데 신약성경을 보면, 이런 규칙을 깨뜨리고 인격체가 아닌 대상에게 사랑이라는 단어를 사용한 경우가 몇 번 나옵니다. 그것은 바로 돈과 세상인데, 여기에 사랑이라는 단어를 붙인 이유는 무엇이었을까요? 그것은 바로 사람들이 이것들을 인격체처럼 여기고 마음을 쏟아 붓는다는 의미입니다.

신약성경에서 하나님과 견주어 비교된 것은 오직 돈과 세상뿐입니다. '맘몬'이라고 하는 돈과 세상이 신앙과 삶에서 하나님의 자리를 대신할 수 있다는 말입니다. 성경에서 '두 주인을 섬길 수 없다, 돈을 사랑하는 것이 일만 악의 뿌리다'라고 경고하는 것은 모두 그 때문입니다(마 6:24; 눅 16:13; 딤전 6:10).

성경은 돈을 좋아하는 것이 일만 악의 뿌리라고 하지 않습니다. 저 역시 돈을 좋아합니다. 돈을 마다할 사람은 아무도 없습니다. 모든 사람에게 돈이 필요하고, 다들 갖고 싶어 합니다. 그러나 돈을 사랑할 수는 없습니다. 돈은 인격체가 아니기 때문입니다. 돈은 우리의 필요를 채우는 도구에 불과합니다. 좋아할 수는 있지만 사랑해서는 안 됩니다.

세상도 마찬가지입니다. 우리에게는 세상을 올바르게 관리하고 다스릴 책임이 있습니다. 나라와 민족을 제자 삼아 세상을 변화시키고 하나님 나라가 임하게 해야 합니다. 그런데 세상을 사랑하게 되면 묶이게 됩니다. 세상에 사로잡혀 끌려갑니다. 세상을 바꾸기는커녕 자기도 모르게 세상의 영향권 안에서 맹목적으로 살아가게 됩니다.

　세상을 사랑한다는 것은 세상 사람들이 좋아하고 즐겨하는 삶의 방식을 추구한다는 뜻입니다. 자신만 사랑하고 자신을 위해 선택하고 자신의 유익을 추구하고 자신이 원하는 바를 채우기 위해 달려간다는 말입니다. 세상은 그런 삶이야말로 가장 정상적이고 당연하며 이상적인 것이라고 가르칩니다.

　그렇다면 '세상'이란 무엇을 의미할까요? 본문은 사람들이 궁극적으로 하나님 대신 세 가지를 추구하고 사랑한다고 말합니다. 그것이 바로 세상이라고 말합니다. 그것은 바로 육신의 정욕과 안목의 정욕, 그리고 이생의 자랑입니다.

세상을 사랑하게 하는 육신의 정욕

　하나님 대신 세상을 사랑하게 만드는 첫 번째 원인은 육신의 정욕입니다. 먼저 이 '육신'이라는 단어를 주의 깊게 살펴보도록 하겠습니다.

우리는 '육신'에 대해 부정적인 선입견을 갖고 있지만, 사실 한글 성경에서 이 단어는 '하나님이 만드신 원래의 우리 몸'과 '육체적 본능'이라는 두 가지 의미에 모두 사용됩니다. '육신'으로 번역되는 헬라어가 '소마'(σωμα)와 '사르크스'(σαρξ) 두 가지이기 때문입니다. '소마'를 번역한 '육신'은 영어로 'body', 즉 우리의 몸을 나타내는 긍정적 의미를 갖고 있습니다.

> 19 너희 몸은 너희가 하나님께로부터 받은 바 너희 가운데 계신 성령의 전인 줄을 알지 못하느냐 너희는 너희 자신의 것이 아니라 20 값으로 산 것이 되었으니 그런즉 너희 몸으로 하나님께 영광을 돌리라(고전 6:19-20).

이 구절에서 '몸'으로 번역된 헬라어 단어가 바로 '소마'입니다. 제자 훈련을 하거나 수련회에 가면 종종 참석자들끼리 서로 칭찬하고 격려하는 시간을 갖습니다. 어떤 경우에는 하루 세 번씩 거울 앞에 서서 자기 자신을 칭찬하고 격려하는 훈련을 시키기도 합니다. 하지만 실제로 그렇게 해보면 자신을 존귀하게 여기고 인정하기가 굉장히 힘들다는 사실을 느끼게 됩니다.

왜냐하면 우리 안에 '육신'을 악한 것으로 여기고 배격하는 정서가 있기 때문입니다.

"이놈의 육신이 죽어야 해. 이 썩을 옷, 육신의 장막을 어서 벗어 버려야지."

이러한 넋두리를 위대한 믿음의 고백처럼 여기는 것도 그 때문입니다. 그렇지만 성경은 우리가 하나님이 만드신 그분의 걸작이라고 말합니다(엡 2:10). 하나님이 흙을 빚어 창조하신 우리의 몸은 결코 악하지 않습니다. 그랬다면 하나님이 창조를 마치신 뒤에 '심히 좋았다'고 하셨을 리가 없습니다(창 1:31).

한글 성경에서 '육신'으로 번역되는 또 하나의 헬라어는, 육체적 본능과 이기적이고 악한 성향을 의미하는 '사르크스'입니다. 바울은 자연적인 몸의 의미보다는 죄의 지배로 타락하여 죄로 물든 인간의 본성을 표현하는 의미로 이 단어를 자주 사용했습니다(롬 8:5-8; 갈 5:19-21).

[5] 그러므로 땅에 있는 지체를 죽이라 곧 음란과 부정과 사욕과 악한 정욕과 탐심이니 탐심은 우상숭배니라(골 3:5).

[19] 육체의 일은 분명하니 곧 음행과 더러운 것과 호색과 [20] 우상숭배와 주술과 원수 맺는 것과 분쟁과 시기와 분냄과 당 짓는 것과 분열함과 이단과 [21] 투기와 술 취함과 방탕함과 또 그와 같은 것들이라 전에 너희에게 경계한 것같이 경계하노니 이런 일을 하는 자들은 하나님의 나라를 유업으로 받지 못할 것이요(갈 5:19-21).

여기서 "육체"와 "땅에 있는 지체"로 번역된 것이 바로 '사르크스'입니다.

수련회나 부흥회에 가면 '우리는 죄인이다'라는 말을 자주 듣습니다. 우리는 그 말에 동의할 수밖에 없습니다. 왜냐하면 우리는 우리도 모르는 사이에 자꾸 죄를 짓기 때문입니다. 그렇다면 우리는 죄인이기 때문에 죄를 짓는 걸까요, 죄를 지었기 때문에 죄인인 걸까요? 흔히 '죄를 지었으니까 죄인이다'라고 생각하지만, 사실은 그렇지 않습니다. 그것은 아담에게만 해당하는 말입니다. 아담 이후에 태어난 모든 사람은 죄인이기 때문에 죄를 짓습니다.

아이들을 예로 들어 봅시다. 아무리 순진하고 예쁜 아이라도 죄를 짓고 잘못을 저지릅니다. 왜 그럴까요? 부모가 죄짓는 법을 가르쳐 주었거나 나쁜 짓을 가르치는 학원에 보냈기 때문입니까? 아닙니다. 인간은 누가 가르쳐 주지 않아도 자연스레 죄를 짓습니다. 그렇게 하면 안 된다고, 하지 말라고 야단쳐도 죄를 짓습니다.

생각해 보십시오. 정말 괴롭고 힘들지만 억지로 죄를 지었던 적이 있습니까? 며칠 금식하고 큰맘 먹고 결단한 후에야 겨우 죄 한 번 지을 수 있었던 적이 있습니까? 그런 일은 절대 없습니다. 죄는 저절로 짓게 됩니다. 우리 안에 있는 악한 본성 때문입니다. 이 본성 때문에 아담 이후의 모든 사람은 죄를 짓고 말았습니다.

사도 바울이 우리 몸을 예수 그리스도께 접붙여야 한다고 말한 것은 그 때문입니다(롬 11장). 그것은 원래 있던 곳에서 떨어져 나와 예수 그리스도와 하나 되는 것입니다. 우리의 죄악된 본성이 죽으면서 새로운 존재로 거듭나는 것입니다. 예수님도 니고데모에게 물과 성령으로 거듭나야 함을 말씀하셨습니다. 하지만 니고데모는 예수님의 말씀을 올바로 이해하지 못했습니다.

> 4 니고데모가 이르되 사람이 늙으면 어떻게 날 수 있사옵나이까 두 번째 모태에 들어갔다가 날 수 있사옵나이까(요 3:4).

성경에서 말하는 거듭남은 모태에서 다시 태어나는 환생 같은 것이 아닙니다. 갓난아기로 돌아가 인생을 다시 시작한다고 해서 새로운 존재가 되는 것이 아니기 때문입니다. 죽음을 수반하지 않는 한 진정한 거듭남은 일어날 수 없습니다. 육으로 난 것은 육이고, 죄악된 것은 죄악을 낳을 뿐이기 때문입니다. 방법은 오직 하나, 죽는 것뿐입니다. 육신이 죽어야 거듭날 수 있고, 육신이 죽어야 완전히 새롭게 태어날 수 있습니다. 이때 죽어야 하는 것이 바로 무절제하고 방자하며 탐욕으로 가득한 죄악된 본성입니다.

우리는 어쩔 수 없는 육신적 존재다

육신의 정욕은 모든 권위를 거부하고 자기 마음대로 살고 싶다며 자유를 부르짖게 합니다.

예전에 바다 색깔이 아름답기로 유명한 제주도의 한 해수욕장에서 외국인 관광객을 유치한다는 명분으로 '누드비치'(nude beach)를 시도한 적이 있습니다. 비록 시작도 해보지 못하고 중단되었지만, 누드비치라는 이름을 붙였다고 해서 정말로 나체로 다닐 수 있는 사람이 우리나라에 몇 명이나 되겠습니까? 해수욕장을 이용하는 사람보다 구경꾼이 더 많지 않겠습니까?

누드비치를 만들고 나체로 활보하면 정말 자유로워지는 걸까요? 인간이 본능을 따라 살면 어떤 일이 벌어질까요? 양심도 없고 도덕도 없고 법도 없이 본능대로 살면 말입니다.

인간의 본성이 워낙 착해서 법 없이도 능히 살 수 있다면, 굳이 예수 믿고 천국에 갈 필요 없이 지금 이 세상을 낙원으로 만들 수 있을 겁니다. 하지만 인류 역사상 세계 어디에도 그런 꿈을 완벽하게 이룬 공동체는 없습니다. 물론 앞으로도 없을 겁니다.

제가 섬겼던 몽골 사람들은 착하고 순진한 민족입니다. 그런데 그토록 해맑은 사람들이 특정 상황에만 들어가면 전혀 다른 모습으로 180도 돌변합니다. 말을 타고 천하를 호령하던 조상의 피 때문인지 운전대만 잡으면 미친 듯이 속도를 냅니다. 시간 약속을 지켜야 한다는 개념 자체가 별로 없는 사람들이 왜 그렇게 액셀러레이터를 밟아 대는지 알 수가 없습니다. 그것도 구불구불한 도로에서 위험천만하게 말입니다.

　남에게 싫은 소리 한 번 안 할 것처럼 착해 보이는 사람도 한순간에 타고난 육신의 본성에 사로잡히고 맙니다. 인간의 내면 깊숙한 곳에 육신적이고 본능적인 욕망이 뿌리박혀 있는 것입니다. 그 욕망이 하나님을 주인으로 섬기고 그분의 말씀에 순종하는 쪽으로 우리를 이끌어 주면 좋겠지만, 실제로는 그와 정반대입니다.

　이런저런 일로 바빠서 묵상을 하지 않다가 모처럼 성경을 펴놓고 자리에 앉으면 왜 그렇게 딴생각이 밀려오는지 모릅니다. 잡생각이 들면 집중하기가 어렵습니다. 그래서 저는 묵상하다가 다른 잡다한 생각이 들 때면, 그것을 일단 포스트잇에 적어 두고 머릿속에서 즉시 털어 냅니다. 보통 포스트잇을 몇 장은 써야 생각과 마음이 묵상할 수 있는 고요한 상태가 되는 듯합니다. 기도할 때도 마찬가지입니다. 기도하려고 앉으면 바닥에 떨어진 머리카락이 왜 그렇게 많이 보이는지 모릅니다. 그래서 기도하다 말고 일어나 청소를 시작합니다. '빨리 청소하고 기도해야지' 하고 생각하지만, 청소를 마치고 나면 그럴 시간이 없습니다.

　당신은 어떻습니까? 묵상과 기도가 자연스럽게 됩니까? 억지로 마음먹지 않아도 자연스럽게 성경을 펴서 읽게 됩니까? 제자 훈련을 받고 신앙연륜이 오래되면 저절로 성경을 읽게 됩니까? 목회자가 되고 선교사가 되고 직분자가 되면 하나님의 말씀이 저절로 눈과 귀와 마음에 들어올까요?

그렇지 않습니다. 우리 안에 악한 본성이 있기 때문입니다. 제 발로 주님 앞에 무릎 꿇고 순종할 수 있다면 굳이 이 책을 읽어야 할 필요가 어디 있겠습니까? "주님이 주인이시고 저는 종입니다"라는 고백이 호흡처럼 자연스럽게 나온다면 얼마나 좋겠습니까? 그런데 그렇게 하기가 죽기보다 어렵다는 것이 바로 우리의 문제입니다.

전에 참여했던 한 전도여행에서 이런 일이 있었습니다. 출발할 날짜가 다 되었는데 아직도 여행 경비를 마련하지 못한 형제가 같은 팀 안에 있었습니다. 그래서 팀원 전원이 함께 기도하고 우리가 가진 것을 조금씩 그에게 헌금했습니다. 어떤 이들은 자신의 경비를 뺀 나머지를 전부 헌금하기도 했습니다.

그런데 출발하는 날 공항에서 놀라운 일이 일어났습니다. 그 형제가 필요한 액수보다 훨씬 많은 헌금을 받게 된 것입니다. 팀 전체가 기뻐하며 하나님께 감사했습니다. 그런데 문제는 전도여행을 떠난 다음에 일어났습니다. 여행 경비를 제외한 모든 돈을 그 형제에게 헌금한 저와 팀원들은 전도여행 기간 내내 빈털터리로 지내야 했습니다. 하지만 헌금을 받은 그 형제는 오히려 많은 재정을 가지고 있었기 때문에 필요한 곳에 자유로이 사용했습니다. 전도여행 막바지에 작은 선물을 살 때도 대부분 아무것도 사지 못했지만, 그 형제는 자신이 사고 싶은 것들을 살 수 있었습니다.

여행하는 내내 그 모습을 지켜보는 제 속이 어땠겠습니까? 배운 대로라면 그 형제의 모습을 보면서 함께 기뻐하고 즐거워해야 했지만, 절대 그렇게 할 수 없었습니다. 그 형제에게 헌금한 것 때문에 마음이 힘들고, 그 형제가 얄밉고 굉장히 어려웠습니다.

이것이 바로 우리의 어쩔 수 없는 악하고 추한 본능입니다. 아무리 경건한 척하고 아무리 크고 대단한 사역을 한다고 해도 우리는 그 정도밖에 안 되는 존재입니다.

세상에 민감하게 하는 안목의 정욕

하나님 대신 세상을 사랑하게 하는 두 번째 요소는 안목의 정욕입니다.

흔히 사람에게는 육신의 눈과 마음의 눈이 있다고 합니다. 성경에도 '마음의 눈'에 대한 구절이 여러 곳에 등장합니다. 창세기 29장을 보면 야곱의 두 아내 라헬과 레아 자매에 대한 비교가 나오는데, 라헬은 곱고 아리따웠지만 레아는 안력이 부족했다고 말합니다(17절). '안력이 부족하다'는 말은 '눈빛이 밝지 않다, 눈에 힘이 없다'는 의미입니다. 왜 눈을 아름다움과 연관해서 생각했던 것일까요?

눈은 마음의 상태를 비춰 주는 창문입니다. 바라고 원하는 마음속 열정과 열망은 눈에 고스란히 나타나는 법입니다. 제가 사역하던 제주 열방대학은 훈련받기 위해 찾아온 사람들로 일 년 내내 북적댔습니다. 아름다운 제주에서 젊은이들이 함께 부딪히며 지내다 보면, 자연스레 서로 호감을 갖고 교제하는 커플이 생깁니다. 재미있는 것은 본인들이 밝히지 않아도 사랑에 빠진 커플을 족집게처럼 알아보는 간사들이 있다는 사실입니다. 그 비결을 물어보면, 하나같이 '눈빛' 때문이라고 대답합니다.

"눈을 보면 알게 돼요. 눈빛은 속일 수 없거든요."

좋아하고 사랑하는 대상을 바라보는 눈빛은 뭐가 달라도 다르다는 거죠.

제가 어릴 때 상대방의 얼굴과 손가락을 바라보면서 상대방이 말하는 부위에 손가락을 가져다 놓는 게임을 했던 적이 있습니다. 상대방이 "코코코코 눈! 코코코코 입! 코코코코 코!"라고 말하다가 "입!"이라고 말하면서 눈을 가리키면, 대부분 자기도 모르게 눈을 가리키게 됩니다. 이상하게도 대부분 말하는 것이 아니라 보이는 것을 따라갑니다. 눈을 감고 듣기만 하면 쉽게 입을 가리킬 수 있지만, 눈으로 보고 있으면 잘못된 동작인데도 따라 하게 됩니다. 보는 것이 듣는 것보다 훨씬 빠르고 강력하게 우리 마음에 입력되는 까닭입니다. 텔레비전을 바보상자라고 애물단지 취급하면서도 그 앞에 앉아 넋을 놓고 바라보는 것도 그런 이유겠지요.

또한 우리는 남들의 시선에도 매우 민감해 합니다. 누구에게나 자기가 원하는 옷을 입을 자유가 있지만, 그렇다고 해서 남의 눈을 전혀 의식하지 않고 옷을 입는 사람은 별로 없습니다. "내게는 나만의 스타일이 있어"라고 주장하는 사람도 대부분 1년 내내 자기 마음대로 옷을 입고 다니지는 않습니다. 특별한 때와 장소에서야 자신만의 스타일을 고집할 수 있겠지만, 늘 그렇게 다닐 수는 없기 때문입니다.

우리는 아침마다 너무 바쁘고 시간이 없어서 묵상을 하지 못한다고 말합니다. 그러나 만약 우리가 아침에 씻는 것을 생략하고 그 시간에 말씀을 묵상한다면 얼마나 좋겠습니까? 하지만 많은 사람이 세수할 시간에 묵상하지는 않습니다. 아무리 바쁘고 중요한 일에 늦었더라도 세수를 안 하고 외출하는 사람은 거의 없습니다. 우리는 다른 사람의 시선을 의식하며 보이는 것에 많이 신경을 씁니다. 하루에도 몇 번씩 거울을 보면서 외모를 다듬습니다. 이처럼 우리는 안목의 정욕에 붙들려서 살아갑니다.

구약시대의 선지자 사무엘은 놀라운 하나님의 사람이었습니다. 그는 어릴 때부터 하나님의 음성을 들었고, 그가 선포한 모든 것이 성취되었습니다(삼상 3:19). 하지만 이런 사무엘 선지자도 보이는 것에 흔들린 나머지 하나님의 뜻을 온전히 이해하지 못한 적이 있었습니다.

사울 왕을 이어 이스라엘의 새로운 왕이 될 사람을 찾기 위해 사무엘이 이새의 집을 방문했을 때의 일입니다. 이때 사무엘은 훤칠하고 멋있는 첫째 아들 엘리압을 보자마자 마음이 움직입니다(삼상 16:6).

'아하, 이 사람이구나. 그렇지! 이 정도는 돼야 사울 왕의 자리를 넘겨받을 수 있지.'

그러나 하나님은 외모로 사람을 판단하는 사무엘에게 이렇게 말씀하십니다.

> 7 여호와께서 사무엘에게 이르시되 그의 용모와 키를 보지 말라 내가 이미 그를 버렸노라 내가 보는 것은 사람과 같지 아니하니 사람은 외모를 보거니와 나 여호와는 중심을 보느니라 하시더라(삼상 16:7).

사람은 외모를 보고, 하나님은 내면을 보십니다. 당연히 그럴 수밖에 없습니다. 우리에게는 사람의 내면을 보는 능력이 없으니까요. 사무엘 선지자처럼 우리는 외모에 온갖 신경을 다 씁니다. 그래서 외모 지상주의라는 말까지 나오지 않았습니까?

우리는 늘 보이는 것에 더 신경을 씁니다. 하나님은 "나는 중심을 본다. 그러니까 내면부터 잘 챙겨라" 하고 말씀하시지만, 우리는 "어유, 그래도 정도가 있죠"라고 하면서 내면보다는 겉으로 보이는 것에 더 신경 씁니다. 저 역시 집에서는 늘 운동복 차림으로 지내다가도 밖으로 나갈 때면 외출복으로 갈아입습니다.

인간은 결코 보이는 것에서 자유로워질 수 없는 존재입니다. '무엇을, 왜 보는가?'가 중요한 것은 그 때문입니다. 그런데 문제는 이토록 중요한 '보는 것'에 육신의 정욕이 개입한다는 사실입니다. 타락한 이후 인간은 자기 눈을 즐겁게 하고 만족시켜 주는 대상만 보거나 보여 주고 싶어 하게 되었습니다. 이것이 바로 '안목의 정욕'(lust of eyes)입니다.

영적인 면에서도 안목의 정욕을 좇는 우리

안목의 정욕은 하나님의 뜻을 구하며 그분의 음성에 귀 기울일 때도 영향을 미칩니다.

아이들은 부모의 잔소리를 싫어합니다. 잔소리 듣는 것을 좋아하는 아이는 세상에 없습니다. 하지만 부모의 잔소리 중에 틀린 말은 없습니다.

"공부해라. 씻어라. 일찍 자고 일찍 일어나라. 편식하지 마라."

구구절절 맞는 말입니다. 틀린 말이나 악의를 담은 말이 없습니다. 문제는 아이들이 들으려 하지 않는다는 것입니다. 하나님의 음성을 듣는 것도 이와 비슷한 것 같습니다.

사람들은 하나님의 음성을 듣기 원합니다. 하나님의 음성 듣기를 굉장히 사모합니다. 그리고 가끔은 분명하게 하나님의 음성을 듣습니다. '어디에 가서 무엇을 하고 어떻게 하는 것이 좋고…' 하는 식으로 사진을 보듯 자세하고 정확하게 들을 때도 있습니다. 그리고 그대로 이루어집니다.

그러나 하나님의 음성을 들을 때 가장 중요한 것은 하나님의 음성은 절대 성경말씀을 벗어나지 않는다는 점입니다. 그럼에도 사람들은 성경말씀을 들으려고는 하지 않습니다. 초자연적이고 신기한 음성만을 들으려고 합니다. 내가 그런 음성을 들었다고 하면, 다른 사람들이 나를 경건하고 신령한 사람으로 볼 것이라고 생각하기 때문입니다. 그래서 하나님의 초자연적이고 신기한 음성을 듣는 데는 귀가 활짝 열려 있지만, 자기 내면의 삶과 공동체에게 주시는 말씀에 관해서는 들을 생각이 없는 사람이 많습니다. 이렇게 우리는 영적인 부분에서까지 안목의 정욕을 추구합니다. 그런데 안목의 정욕을 따라가면 정말로 만족할 수 있을까요?

흔히 부자가 되면 행복할 거라고 생각합니다. 그렇다면 돈을 얼마나 벌어야 행복해질까요? 비싼 명품을 쉽게 살 수 있을 정도면 될까요? 명품은 얼마나 소유해야 행복할까요? 최신형 고급 수입

차를 사면 행복할까요? 그렇다면 어떤 브랜드의 차를 사야 할까요? 한 대만 사면 충분할까요? 강남의 노른자 땅에 있는 대형 아파트에서 사는 건 어떻습니까? 그런데 얼마나 넓은 아파트여야 하는 걸까요?

이런 질문에는 끝이 없습니다. 계속해서 새로운 걸 찾아 헤맬 뿐입니다. 참된 만족은 소유를 통해 주어지는 것이 아니기 때문입니다. 새 물건을 사면 며칠 동안은 즐겁습니다. 하지만 그 즐거움은 금세 사라져 버립니다. 우리의 만족은 소유의 많고 적음에 달려 있지 않기 때문입니다. '저것만 가지면, 저 자리에 오르면, 저것만 성취하면 행복할 거야'라고 생각합니까? 그렇지 않습니다. 눈을 만족시키는 것, 안목의 정욕을 따라 사는 것은 밑이 빠진 독에 끝없이 물을 채워 넣는 것과 같습니다.

자기 자신을 추구하게 하는 이생의 자랑

하나님 대신 세상을 사랑하게 하는 마지막 요소는 '이생의 자랑'입니다. 영어 성경에는 '소유와 행위에 대한 자랑'(the boasting of what he has and does, NIV) 혹은 '허영심'(the boastful pride of life, NASB)으로 번역되어 있습니다. 즉, 이 말은 자신에게 속한 무언가를 자랑하는 것을 말합니다.

한 부자에 관한 예수님의 비유를 함께 읽어 봅시다.

> 16 또 비유로 그들에게 말하여 이르시되 한 부자가 그 밭에 소출이 풍성하매 17 심중에 생각하여 이르되 내가 곡식 쌓아 둘 곳이 없으니 어찌할까 하고 18 또 이르되 내가 이렇게 하리라 내 곳간을 헐고 더 크게 짓고 내 모든 곡식과 물건을 거기 쌓아 두리라 19 또 내가 내 영혼에게 이르되 영혼아 여러 해 쓸 물건을 많이 쌓아 두었으니 평안히 쉬고 먹고 마시고 즐거워하자 하리라 하되 20 하나님은 이르시되 어리석은 자여 오늘 밤에 네 영혼을 도로 찾으리니 그러면 네 준비한 것이 누구의 것이 되겠느냐 하셨으니 21 자기를 위하여 재물을 쌓아 두고 하나님께 대하여 부요하지 못한 자가 이와 같으니라(눅 12:16-21).

그는 당시 가장 인정받는 자수성가의 전형입니다. 자기 힘으로 노력해서 성공을 이루었습니다. 그는 성공을 위해 누군가를 속이거나 편법을 쓴 적이 없었고, 허랑방탕하거나 재산을 함부로 낭비하지 않았습니다. 그저 거둔 곡식을 넣을 창고를 하나 더 짓기로 했을 뿐입니다. 이 얼마나 착실한 사람입니까?

그런데 하나님은 그가 어리석다면서 그의 영혼을 취하겠다고 말씀하십니다. 참으로 이해하기 힘든 대목입니다. 성실하게 노력해서 이제 막 자신의 일과 분야에서 성공의 열매를 거두고 있는 사람을 갑자기 데려가신다니요?

그 이유는 그가 창고를 지으려는 목적에 있습니다. 창고를 새로 짓기로 마음먹으면서 그가 한 혼잣말에 주목하십시오.

> ¹⁹ 또 내가 내 영혼에게 이르되 영혼아 여러 해 쓸 물건을 많이 쌓아 두었으니 평안히 쉬고 먹고 마시고 즐거워하자 하리라 하되(눅 12:19).

무슨 말입니까? 한 재산 두둑하게 모았으니 이제부터는 편안하게 배 두드리며 살겠다는 겁니다. 그에게는 하나님 나라도, 주위의 가난한 사람들도 보이지 않았습니다. 가진 것을 자랑하며 한껏 폼 나는 인생을 살고 싶은 포부에 가득 차 있을 뿐이었습니다. 그날 밤, 자신이 이룬 모든 것을 남긴 채 이 세상을 떠나야 할 운명인데도 말입니다.

사람들은 크고 많은 것으로 인생을 채우려고 애쓰며 살아갑니다. 하지만 제아무리 귀하고 값진 것으로 온몸을 도배해도, 생명을 잃으면 한순간에 다 끝이 납니다. 생명이 없으면 인생의 모든 것이 의미를 잃습니다. 그런데도 사람들은 여전히 자기 자랑과 허영심에 빠져 살아갑니다. 이 부자처럼 말입니다.

이렇게 육신의 정욕과 안목의 정욕, 이생의 자랑은 주님이 아닌 세상을 사랑하고 세상에 민감해지도록 우리를 유혹합니다. 그럴 때 우리는 주님이 뭐라고 말씀하셔도 세상을 향한 자신의 생각과 소원을 좇아 행동하게 됩니다. 이스라엘 백성처럼 말입니다.

마음이 완고해지면 하나님을 시험하게 된다

시내 산에서 금송아지 소동을 일으킨 이스라엘 백성은 하나님의 구름기둥을 따라 행군하다가 바란 광야에서 멈추게 됩니다(민 10:12). 구름기둥이 정지했기 때문입니다. 시내 산(호렙 산)에서 바란 광야(가데스바네아)까지는 열하루면 갈 수 있는 거리였습니다(신 1:2). 이제 하루나 이틀이면 약속의 가나안 땅이 나옵니다. 그런데 그만 구름이 멈추고 맙니다.

여기서 하나님은 이스라엘 백성을 테스트하기 시작하십니다. 주님이 맡기신 사명을 완수하고 참된 안식에 들어갈 수 있는지, 약속하신 바를 성취할 수 있는지 보기 원하신 것입니다.

이스라엘 백성은 각 지파에서 한 명씩 총 열두 명을 뽑아 사십 일 동안 가나안 땅을 정탐합니다. 가나안에 대한 정탐꾼들의 보고는 매우 밝고 긍정적이었습니다. 가나안은 두 사람이 메야 할 정도로 큰 포도송이가 열리는, 말 그대로 젖과 꿀이 흐르는 땅이었습니다. 하지만 심각한 문제가 있었습니다. 두 사람을 제외한 열 사람 모두 가나안 땅을 차지하기 어렵다고 말한 겁니다.

하나님이 확고부동하게 약속하셨음에도, 여호수아와 갈렙을 제외한 나머지 정탐꾼들은 가나안의 성이 크고 사람들은 거인이어서 메뚜기 같은 자기들은 상대조차 되지 않는다고 주장했습니다. 결국 백성은 "우리는 절대로 가나안을 차지할 수 없다. 하나님이 우리를 죽이려고 여기까지 데려왔다"며 모세와 하나님을 향해 분노를 터뜨렸습니다.

마음이 완고해지면, 하나님이 주신 약속과 비전도 힘을 잃습니다. 예수 그리스도를 믿는 하나님의 자녀라 해도 세상이 너무 크고 강하게 느껴져서 하나님의 뜻이 이루어지지 않을 거라며 자포자기하고 절망하게 됩니다. 하나님이 말씀하심에도 다른 것에 마음을 빼앗겨 믿음으로 화합하지 않는 것입니다(히 4:2).

그래서 히브리서 기자는 이스라엘 백성이 하나님을 시험하고 증험했다고 말합니다(히 3:9). '증험'은 시험을 해서 증명한다는 말입니다. 하나님이 우리를 시험하셔야 하는데, 오히려 믿음 없는 이스라엘 백성이 하나님을 시험한 것입니다.

"하나님은 정말 이것을 이루실 수 있는가?"

오히려 하나님이 사십 년 동안 광야에서 그것을 증명하려고 노력하셨습니다.

살다 보면 누구나 이런 싸움을 하게 될 때가 있습니다. 하나님의 약속을 받고 은혜로 충만할 때는 괜찮다가도 세상이 크고 견고해 보이면 하나님이 말씀하신 바가 이루어지지 않을 것 같은 경우 말입니다. 그럴 때 마음을 완고하게 하면 세상에서 승리하기보다 타협하게 되고, 세상을 변화시키기보다 세상의 유혹에 빠져 허둥대게 될 것입니다. 하나님의 음성을 들었음에도 결국 아무것도 (자기 자신조차) 변화시키지 못하게 될 것입니다.

하나님을 믿지 않는 죄에 빠지다

이스라엘 백성이 안식을 얻지 못한 두 번째 이유는 믿지 않는 악한 마음 때문입니다.

> 12 형제들아 너희는 삼가 혹 너희 중에 누가 믿지 아니하는 악한 마음을 품고 살아 계신 하나님에게서 떨어질까 조심할 것이요(히 3:12).

이스라엘 백성과 함께하시는 하나님의 역사가 계속해서 나타났지만, 그들은 끝까지 믿지 않았습니다. 믿는 시늉은 했지만, 어려움이 닥치면 녹음기를 틀어놓은 것처럼 불평과 불만을 반복해서 쏟아냈습니다.

먹을 것 때문에 하나님을 원망합니다.

"하나님, 애굽에 있을 때는 삼시 세끼 꼬박꼬박 먹었는데 광야에는 먹을 것이 없네요."

그래서 하나님이 만나를 주셨습니다. 약속의 땅에 들어갈 때까지 만나를 주겠다는 약속까지 하셨습니다. 하지만 만나를 통해 이스라엘 백성의 마음을 시험해 보겠다고 하셨습니다.

"너희가 정말 배가 고파서, 먹을 것이 없어서 불평하고 원망하는 것인지 시험해 보겠다."

그런데 만나를 먹기 시작한 지 일 년 쯤 지나자, 출애굽 때 이스라엘 백성을 따라 나온 다른 부족들이 음식을 놓고 불평하기 시작했습니다.

"애굽에서는 파도 먹고 마늘도 먹고 고기도 먹었는데, 광야에서는 하늘 청정식품 만나 말고는 먹을 게 없네."

우리 모두 잘 알다시피 불평은 다른 사람과 공동체 안으로 퍼져 갑니다. 이스라엘을 따라다니는 이방인 몇 사람의 불평이 금세 백성 전체로 퍼져 나갔습니다. 급기야 그들은 회막에 모여 밤낮으로 통곡하기 시작합니다. 고기 먹고 싶다고 우는 겁니다.

"하나님, 우리는 뭡니까? 고기도 못 먹고 마늘도 못 먹고 파도 못 먹고 죽을 때까지 이런 만나나 먹어야 합니까?"

그때 하나님이 모세에게 이렇게 말씀하십니다.

"너희에게 고기를 먹여 주겠다. 그것도 하루나 이틀이나 닷새나 열흘이나 스무날이 아니라 한 달 동안 먹여 주겠다. 어디 고기 냄새에 질릴 정도로 한 번 먹어 보거라"(민 11:18-20).

하나님은 지금 이 말씀을 매우 강조하고 계십니다. 하루, 이틀, 닷새, 열흘, 스무날, 한 달! 몇 번이나 강조하며 그 기간에 반드시 주겠다고 말씀하고 계십니다. "내가 반드시 줄 것이다. 너희가 싫어 할 때까지 줄 것이다!" 하지만 이스라엘 백성은 하나님의 말씀을 믿지 않았습니다. 모세조차 그 말을 의심했습니다.

> 21 모세가 이르되 나와 함께 있는 이 백성의 보행자가 육십만 명이온데 주의 말씀이 한 달 동안 고기를 주어 먹게 하겠다 하시오니 22 그들을 위하여 양 떼와 소 떼를 잡은들 족하오며 바다의 모든 고기를 모은들 족하오리이까(민 11:21-22).

그러나 하나님은 말씀을 지키셨습니다. 강한 바람에 휩쓸린 메추라기 떼가 이스라엘 진영에 떨어진 겁니다. 엄청나게 많은 메추라기가 떨어졌습니다. 지면에서부터 두 규빗 높이로 쌓였다고 합니다(민 11:31). 규빗은 성경시대 길이의 단위인데, 한 규빗은 어른의 중지 손끝에서 팔꿈치까지의 길이로 45cm 정도입니다. 그러니까 메추라기 떼가 지면에서 두 규빗 높이로 쌓였다는 것은 90센티미터 정도 쌓였다는 말입니다. 정말 엄청난 양 아닙니까? 만약 당신이 이스라엘 백성이라면 이런 상황에서 메추라기를 몇 마리 잡겠습니까? 욕심을 부린다고 해도 4인 가족 기준으로 서너 마리 정도면 충분할 겁니다. 배가 너무 고픈 날, 특별히 고기가 먹고 싶은 날이라면 거기에 한두 마리 추가하면 되겠죠. 하나님이 하루, 이틀, 닷새, 열흘, 스무날, 한 달 동안 냄새도 맡기 싫을 정도로 계속 주겠다고 이미 강조하여 말씀하셨기 때문에 얼마든지 구할 수 있는 까닭입니다.

그런데 이스라엘 백성이 이날 메추라기를 얼마나 잡았는지 아십니까?

> 32 백성이 일어나 그날 종일 종야와 그 이튿날 종일토록 메추라기를 모으니 적게 모은 자도 열 호멜이라 그들이 자기들을 위하여 진영 사면에 펴 두었더라 (민 11:32).

그들은 온 종일 메추라기를 잡았습니다. 심지어 밤에도 자지 않고 메추라기를 잡았고, 이튿날에도 종일 잡았습니다. 정말 대단한 사람들입니다. 그렇게 모은 고기의 양이 최소 열 호멜이었습니다.

고체의 부피를 측정하는 단위인 '호멜'은 히브리어로 '나귀'라는 뜻인데, 보통 나귀 한 마리가 짊어질 만큼의 무게를 한 호멜이라고 부릅니다. 즉, 열 호멜이란 나귀 한 마리가 짊어질 수 있는 대형 자루가 10개 분량 정도 되었다는 말입니다. 가장 적게 거둔 사람이 그 정도를 모았습니다. 그러니 이스라엘 백성이 자기들을 위해 텐트가 아닌 진영 사면에 그것들을 펴 놓은 것이었습니다.

그렇게 각 집마다 꾹꾹 눌러 담아 열 자루 이상을 쌓아 두었는데, 과연 몇 마리나 먹었을까요? 아무리 대식구에 모두 대식가라고 해도 자루 하나의 절반도 채 먹지 못했을 겁니다.

그런데 지금 이스라엘 백성이 있는 곳이 어디입니까? 뜨거운 햇볕이 내리쬐는 중동지역입니다. 그 옛날 광야를 떠돌던 그들에게 고기를 냉장 보관할 방법이 있었을까요? 잡지 않은 메추라기들이야 날아갔겠지만, 잡아 둔 메추라기는 어땠을까요? 시간이 지나면서 자루 속에 담긴 메추라기가 부패하기 시작했을 겁니다. 썩는 냄새가 이스라엘 백성의 진영 전체에 가득했을 것입니다.

하나님은 분명히 한 달 내내 고기를 먹게 해주겠다고 몇 번이나 강조하며 약속하셨습니다. 한 달 동안 매일 지면에 두 규빗 높이 만큼의 메추라기를 주시겠다고 하셨습니다. 많이 거두어 봤자 다 먹지도 못할 테고 내일이면 하나님이 또 메추라기를 보내 주실 텐데도 이스라엘 백성은 왜 그토록 많은 메추라기를 거두어 놓은 것일까요? 바라만 봐도 배가 부르고 만족스러워서 그랬을까요? 그렇다고 말하기엔 그들이 메추라기를 주신 하나님께 감사하고 찬양하는 장면은 성경 어디에서도 찾아보기가 힘듭니다.

탐욕 때문입니다. 이스라엘 백성은 탐욕을 부렸습니다. 하나님이 감당할 수 없을 만큼 넘치도록 주실 텐데, 그래서 다 먹지도 못하고 대부분 썩어 버릴 것이 분명할 텐데도 그들은 탐욕 때문에 악착같이 긁어모았습니다. 그래서 성경은 그곳을 기브롯핫다아와, 즉 '탐욕의 무덤'이라고 부릅니다.

이스라엘 백성은 고기를 실컷 먹게 해주겠다는 하나님의 약속을 믿지 않았습니다. 그래서 메추라기에 그토록 욕심을 냈습니다. 이 땅의 자원을 조금이라도 더 자기 것으로 확보하려고 하는 악착같은 마음의 뿌리에는 반드시 우리와 함께하고 지켜 주며 돌보시는 하나님을 믿지 못하는 불신앙이 숨겨져 있습니다.

"나중에 어떻게 될지 알 수 없는데 지금 하나라도 더 챙겨야 하지 않겠어?"

"하나님이 도와주시는 건 도와주시는 거고, 나는 나대로 살 길을 궁리해야 하지 않겠어?"

"하나님께 약속을 지키실 능력이 있는지도 확신할 수 없고, 능력이 있다 해도 정말 약속을 지키실지도 확신할 수 없어."

고기를 먹고 싶다고 요구한 것 자체는 죄가 아닙니다. 하지만 고기를 주셨을 때 믿음이 아니라 불신앙의 열매인 탐욕으로 반응한 것은 심각한 죄입니다. 이것이 바로 믿지 않는 악한 마음입니다.

그래서 하나님은 한 달 내내 고기를 실컷 먹게 해주겠다는 약속을 믿지 않는 모세에게 이렇게 반문하셨습니다.

23 여호와께서 모세에게 이르시되 여호와의 손이 짧으냐 네가 이제 내 말이 네게 응하는 여부를 보리라(민 11:23).

하나님의 능력이 줄어들었습니까? 하나님이 더는 이 세상 가운데 영향을 주지 못하십니까? 전혀 그렇지 않습니다. 우리는 불신앙과 의심 때문에 하나님에게서 떨어지지 않도록 조심해야 합니다. 하나님은 지금도 변함없이 살아 역사하고 계십니다. 하지만 이스라엘 백성은 늘 영광의 구름기둥과 불기둥을 따르며 하나님의 임재 가운데 살면서도 그분에 대한 불신으로 가득 차 있었습니다.

19 이로 보건대 그들이 믿지 아니하므로 능히 들어가지 못한 것이라(히 3:19).

그들이 사십 년 동안 광야를 헤맬 수밖에 없었던 것도 하나님에 대한 믿음이 없었기 때문입니다. 그래서 하나님이 약속하신 가나안에 끝내 들어가지 못한 것입니다.

주님이 명하신 안식의 자리로 나아가라

히브리서 3장에서 예수 그리스도의 뛰어나심을 설명하다가 갑자기 튀어나온 안식의 이야기는 그토록 뛰어나신 주님과 그분의 명령을 저버리고 제멋대로 살아가려는 우리를 향한 경고입니다. 이스라엘 백성이 약속받은 안식에 들어가지 못하고 광야에서 전멸한 것은 주인 되시는 하나님의 말씀을 믿고 순종하지 않았기 때문입니다. 그리고 우리 역시 그러합니다. 그들처럼 우리도 호시탐탐 주인의 자리를 노리는 존재입니다.

그렇다면 어떻게 해야 주님이 주신 사명을 충실히 수행하고 약속된 안식에 들어갈 수 있을까요?

> 13 오직 오늘이라 일컫는 동안에 매일 피차 권면하여 너희 중에 누구든지 죄의 유혹으로 완고하게 되지 않도록 하라 14 우리가 시작할 때에 확신한 것을 끝까지 견고히 잡고 있으면 그리스도와 함께 참여한 자가 되리라(히 3:13-14).

히브리서 기자는 이 두 구절에서 주님을 주인으로 인정하고 순종함으로 그분의 안식에 들어가는 세 가지 방법을 보여 줍니다.

첫 번째는 '오늘을 사는 것'입니다. 매일을 살아야 합니다. "나도 왕년에는 열심히 했다. 이것도 했고 저것도 했다. 옛날에는 이래서 좋았고 저래서 좋았다"라고 하면서 지난 과거만 들먹이거나 "이 문제만 해결되면, 이번 일만 잘되면, 이번 시험에만 합격하면, 대학에만 들어가면, 취직만 하면…"이라고 하면서 오늘을 유보한 채 미래에만 매달려서는 안 됩니다. 그런 사람들은 '오늘을 살지' 못합니다.

하나님은 광야의 이스라엘 백성에게 그날 하루 먹을 만큼의 만나를 내려 주셨습니다. 예수님도 주기도문에서 하루치 일용할 양식만 구하셨습니다. 하나님은 우리가 내일의 양식에 매달리기를 원치 않으십니다. 하나님은 우리가 매일의 삶 속에서 신실하게 함께하시는 주님을 믿고 신뢰하기 원하십니다. 우리도 그렇게 오늘을 살도록 서로 권면해야 합니다. 현실이 힘들다고 과거로 도망치지 않도록, 미래에 꿈꾸고 준비하는 것 때문에 현재를 유보하고 지금 이 순간 하나님이 베푸시는 은혜를 놓치지 않도록 서로 권면하고 격려해야 합니다.

두 번째는 '죄의 유혹을 이겨 내는 것'입니다. 인간은 죄의 유혹에 취약한 존재입니다. 그러므로 죄를 지었다면 신속하게 주님께 나아와 회개하고 돌이켜야 합니다. 그런데 문제는 우리가 회개를 모아 놓았다가 수련회나 집회 시간에 한꺼번에 '처리'한다는 점입니다. 그런 다음에는 또다시 죄를 차곡차곡 모으기 시작합니다.

하지만 성경은 죄의 유혹으로 완고해지지 않게 주의하라고 경고합니다. 죄의 유혹으로 완고해진다는 것은 무슨 뜻일까요?

처음 죄를 지으면 죄책감으로 마음이 매우 불편합니다. 그래서 곧바로 하나님께 나아가 회개합니다. 하지만 두 번 죄를 짓고 세 번 죄를 짓다 보면, 뻔뻔하게 자기 합리화를 하기 시작합니다.

'사람이 살다 보면 그럴 수도 있지. 나 정도면 괜찮지 않아? 세상에 나보다 훨씬 더 큰 죄를 지은 사람이 얼마나 많은데.'

그러면서 점점 회개하고 돌이켜야겠다는 마음이 사라집니다. 이것이 바로 죄의 유혹에 완고해지는 것입니다.

안식에 들어가지 못한 이스라엘 백성이 죄의 유혹에 완고해지도록 스스로를 내버려 두지 않고 하나님께 나아가 회개하고 돌이켰다면 광야에서 비참하게 삶을 마감하지는 않았을 것입니다. 그들은 죄를 덮어 두고 회개를 미루다가 마음이 완고해졌습니다. 스스로를 방치한 것입니다. 이스라엘 백성이 광야를 여행하면서 더 심하게 하나님을 원망하고 더 커다란 불평을 늘어놓게 된 것은 모두 그 때문입니다.

안타까운 것은 지금의 한국교회도 회개하고 돌이키라는 메시지를 싫어하고 불편해한다는 사실입니다. 언제부터인가 우리는 말씀을 듣는 데 완고해졌습니다. 하나님의 음성을 듣는 데 완고해졌습니다. 말씀 앞에 반응하는 데 완고해졌습니다. 이스라엘 백성이 안식에 들어가지 못한 것은 말씀이 없거나 하나님의 임재가 없었기 때문이 아니었음을 기억하십시오. 그들은 마음이 완악해져서 죄의 유혹에 빠져 살아갔습니다.

이제 우리는 하나님 앞에 마음을 돌이켜야 합니다. 다시 새롭게 주님 앞으로 나아가야 합니다. 딱딱하게 굳어 버린 마음을 하나님의 말씀으로 다시 한 번 기경해야 합니다.

마지막 세 번째는 '시작한 것을 끝까지 견고하게 붙드는 것'입니다. 당신은 연초에 자신이 한 결단과 결심을 연말에도 계속 기억합니까? 대부분 시간이 지나면, 처음 시작할 때의 결심이 희미해지기 마련입니다. 책을 읽을 때도 앞부분에서는 색칠공부하듯 형광펜이나 컬러펜으로 화려하게 줄을 치지만, 서서히 뒷부분으로 가면 깨끗합니다.

성경일독을 시작해도 성막에 대한 이야기가 계속되면서 지루해지는 출애굽기 19장부터 읽기 어려워집니다. 어쩌다 출애굽기를 다 읽어도 레위기를 통과하기가 쉽지 않습니다. 제사 등 이해할 수 없는 내용 때문에 진도가 나가지 않습니다. 책상 앞에 '노력'이라고 적어 두지만 작심삼일이 되는 경우가 많고, '필승'이라고 써 놓아도 절대 필승하지 않습니다. 처음에는 열의를 갖고 굉장히 잘하지만, 애쓰고 노력해서 지키지 않는 한 처음 시작할 때 마음이 사라지고 맙니다.

홍해를 건넌 이후 이스라엘 백성의 모습을 기억하십니까? 모세나 아론이 시킨 것도 아닌데 자발적으로 일어나 춤추고 소고 치며 온 백성이 하나님을 예배했습니다(출 15:20-21). 그런데 딱 사흘 후 그들은 마실 물이 없다며 하나님을 원망합니다. 성경을 보면, 홍해에서 하나님을 찬양한 바로 다음에 이 내용이 기록되어 있습니다(출 15:22-25).

시작한 것을 확실하게 잡았다면, 끝까지 견고하게 붙잡아야 합니다. 그렇지 않으면 목적도 없이 처량하게 사십 년 동안 광야를 헤맨 이스라엘 백성의 전철을 밟게 될지도 모릅니다. 어제도 광야를 여행하고 오늘도 광야를 여행하게 될 것입니다. 물론 내일도 광야를 여행하게 되겠지요. 하지만 일상을 반복하는 것보다 더 심각한 문제는 왜 일상을 반복하고 있는지 모르는 것에 있습니다.

안식에 들어가기 위해 하나님은 우리에게 꿈과 소망을 주셨습니다. 당신은 지금도 그것을 기억하며 변함없이 추구하고 있습니까? 아니면 꿈과 소망은 아련한 추억이 되어 버리고, 그냥 주어진 상황과 환경에 따라 끊임없이 자동 반복만 하고 있습니까?

하나님이 주신 약속의 말씀이 있다면 믿음으로 견고하게 붙들어야 합니다. 우리를 통해 성취될 영원한 안식이 있음에도, 그 가운데 들어가 보지 못하고 광야에서 끝내서는 안 됩니다.

날마다, 믿음으로, 끝까지

몽골에서 추방당했을 때 제가 붙들고 씨름했던 말씀이 있는데, 히브리서 3장 본문입니다. 몽골에 저를 보내실 때 하나님께서는 분명히 꿈꾸고 기대하는 바가 있으셨습니다. 하나님은 몽골 선교를 통해 그 땅 가운데 행하기 원하시는 계획을 저에게 분명하게 알려 주셨습니다. 몽골에 가서 처음 사역을 시작할 때 저는 그것을 붙들고 최선을 다하며 살았습니다.

그러나 8년의 세월이 흐른 뒤에 몽골을 떠나오는 제 모습은 그때와 많이 달라져 있었습니다. 남들이 선교사라고 불러 주고 온 가족이 선교지에 사니까 선교하고 있다고 생각했습니다. 주님이 주신 길과 부르심이 있었지만, 제가 보기에 쉽고 편한 쪽을 따라 살았습니다. 광야의 이스라엘 백성처럼 그저 돌고, 또 돌고, 또 돌면서 살았던 것입니다. 어리석게도 저는 이것을 한국에 돌아와서야 깨달았습니다. 그때 저는 주님 앞에서 많이 후회하면서 그분이 베푸신 안식으로 더 나아가지 못하고 자기 마음대로 멈춰 버린 저 자신을 회개했습니다.

지금 우리의 모습은 어떻습니까? 당신은 주님이 당신에게 베풀어 두신 안식이 있다는 사실을 알고 있습니까? 그 안식으로 나아가기 위해 우리가 취해야 할 기업은 무엇입니까? 혹시 주님이 주신 부르심 대신 사십 년 동안 광야만 맴돌던 이스라엘 백성처럼 지금 나의 일상을 맴돌며 만족하고 있지는 않습니까? 주님이 주신 부르심을 방치하고 있는 이유는 무엇입니까? 무엇이 주님이 베푸시는 안식을 바라보지 못하게 방해하고 있습니까?

기억하십시오. 우리는 끊임없이 주님의 자리에 앉으려고 하는 존재입니다. 주님이 베푸신 안식이나 그분의 부르심을 성취하는 것보다 적당히 시간을 보내며 크게 부담되지 않는 선에 머무는 것이 훨씬 더 자연스러운 사람들입니다.

그러나 우리가 있어야 할 자리가 있습니다. 그것은 주님이 그분의 종으로 부르신 자리이며 사명을 온전히 좇는 자를 위해 베풀어 두신 안식의 자리입니다. 저는 우리 모두 날마다 새로운 믿음의 결단으로 그 자리에 서기를 소망합니다. 그리고 하나님의 말씀을 통해 발견한 자신의 모습과 상태를, 세상 만물을 지으시고 지금도 다스리는 주인이신 예수님께 정직하게 내어 드리기 원합니다. 그분이 우리의 완고한 마음을 순전한 아이들의 믿음으로 변화시켜 주실 것을 신뢰하기 바랍니다.

한눈팔지 말고 처음 시작한 것을 끝까지 붙들고 버티십시오. '때가 차면' 주님이 고난과 애씀과 수고를 통해 세상 그 무엇과도 바꿀 수 없고, 세상 그 무엇으로도 대체할 수 없는 안식의 선물을 누리도록 계획하셨음을 감사하며 찬양하게 될 것입니다.

chapter 4

주 님 을
주인으로
인정하는 것은
저절로 되는
일이 아니다

이스라엘의 대표
선지자 엘리야

 솔로몬 왕 이후 이스라엘은 나라가 남유다와 북이스라엘으로 분열되고 맙니다. 그리고 북이스라엘에서부터 시작한 금송아지 우상숭배가 남유다로 퍼져 가기 시작합니다. 하지만 이스라엘의 죄악은 거기에서 끝나지 않았습니다. 북이스라엘의 왕 아합이 이방 나라의 공주인 이세벨을 왕비로 맞으면서 바알과 아세라 신앙까지 도입한 것입니다. 물론 남유다 사람들도 바알과 아세라 숭배 행위를 따라 하게 되었습니다.

 이것이 바로 이스라엘 역사에 늘 나타나는 혼합주의 신앙의 출발입니다. 하나님도 섬기고 세상도 섬기고, 하나님도 섬기고 돈도 섬기고, 하나님도 섬기고 바알도 섬기는 것입니다. 역사를 살펴보면 이스라엘 백성이 하나님을 섬기지 않은 적은 단 한 번도 없었지만, 그들은 늘 하나님과 함께 다른 신을 섬기는 혼합주의에 빠져 있었습니다. 하나님과 바알을 함께 섬긴 것입니다.

그렇다면 그들이 하나님과 바알을 함께 섬긴 이유는 무엇일까요? 어리석게도 이스라엘 백성은 여호와 하나님을 유목민의 하나님으로 생각했습니다. 그래서 애굽에서 살 때와 출애굽 후 광야를 지날 때 그분이 반드시 필요하다고 믿었습니다. 하지만 농경문화권인 가나안에 들어가서는 생각이 달라지기 시작합니다. 농사를 지어 먹고사는 가나안에서는 비를 내려 준다고 여겼던 바알 신이 필요했던 겁니다.

"하나님, 당신은 우리에게 좋은 신이십니다. 하지만 가나안에서 농사를 짓고 살려면 비가 필요합니다. 그러니 죄송하지만 바알도 같이 섬기겠습니다. 부디 이해해 주십시오."

당시 이스라엘 백성은 엘리야가 여호와 하나님과 바알 중에 누가 참 신이며 참 하나님이신지 선택하라고 도전할 때조차 묵묵부답할 만큼 혼합주의 신앙에 젖어 있었습니다. 이렇게 이스라엘 민족이 참 주인을 잃고 표류할 때 엘리야는 목숨을 걸고 홀로 하나님의 말씀을 선포했습니다. 그는 북이스라엘의 대표적인 선지자일 뿐만 아니라 모세에 버금가는 인물로 유대인들의 존경을 받고 있습니다.

그러나 성경은 엘리야가 어떤 사람인지, 아버지가 누구인지, 어떻게 성장했는지, 언제 하나님께 부르심 받았는지는 전혀 기록하고 있지 않습니다. 하나님을 섬기는 사람이고 하나님의 말씀을 선포한 사람이지만, 그가 어떤 사람인지에 대해서는 우리에게 알려진 바가 없습니다. 우리가 알 수 있는 바로는 요단 강 동편 길르앗 사람이며, '여호와는 하나님이시다'라는 뜻의 이름을 갖고 있고, 디셉 지역 출신이라는 것뿐입니다(왕상 17:1). 이를 뒤집어 생각해 보면, 출신지 말고는 그만큼 엘리야에게는 내세울 것이 전혀 없었다는 이야기가 됩니다.

나라 전체가 우상숭배에 빠져 있을 때 엘리야는 홀로 "하나님만이 참 신이시다. 오직 그분만 섬기라!"고 담대히 외쳤습니다. 그러나 그에게는 그의 주장에 신빙성을 더해 줄 만한 타고난 '밑천'이 하나도 없었습니다. 그런 사람이 어떻게 우상숭배로 가득한 사회에서 홀로 이토록 견고한 믿음을 소유할 수 있었을까요?

그는 하나님이 누구이신지, 하나님 앞에 순복하는 것이 무엇인지 분명히 알았던 사람입니다. 그래서 그는 하나님만이 참 주인이심을 백성에게 선포할 수 있었고, 하나님 앞으로 나아오게 했던 것입니다. 이렇게 하나님의 주 되심과 주재권(Lordship)에 순복하며 살아가는 것은 단순히 신앙심이 있다고 저절로 이루어지는 일이 아닙니다. 이는 오직 훈련을 통해서만 가능합니다.

느닷없는 등장,
이상한 퇴장

사실 엘리야는 선지자치고는 아주 이상하게 사역을 시작했습니다. 어느 날 갑자기 아합 왕 앞에 나타난 엘리야는 자신에게 임한 하나님의 말씀을 담대하게 선포합니다.

> 1 길르앗에 우거하는 자 중에 디셉 사람 엘리야가 아합에게 고하되 나의 섬기는 이스라엘 하나님 여호와의 사심을 가리켜 맹세하노니 내 말이 없으면 수년 동안 우로가 있지 아니하리라 하니라 2 여호와의 말씀이 엘리야에게 임하여 가라사대 3 너는 여기서 떠나 동으로 가서 요단 앞 그릿 시냇가에 숨고(왕상 17:1-3).

그러고는 갑자기 자취를 감춥니다. 그의 모습은 용감해 보이기도 하고, 어딘가 정신이 나간 것처럼 보이기도 합니다. 돈키호테처럼 갑자기 나타나서 밑도 끝도 없이 "내가 섬기는 하나님이 이렇게 말씀하셨다"며 한마디 던지고는 그대로 사라져 버렸으니 말입니다.

사실 엘리야를 놀라운 선지자로 세워 사용하기 원한다면, 하나님은 그가 계속 왕궁에 있게 하셨어야 합니다. 아합 왕의 죄악을 끊임없이 경고하면서, 하나님이 얼마나 놀라운 분이신지 선포하게 하셨어야 합니다. 그런데 하나님은 엘리야를 그렇게 사용하지 않으셨습니다. 어느 날 갑자기 나타나 아합에게 한마디 말을 던지게 하시더니, 그를 동쪽 요단 앞 그릿 시냇가에 숨기셨습니다. 왜 그렇게 하셨을까요?

엘리야는 아합 왕 앞에서 놀라운 하나님의 말씀을 담대하게 전했습니다. 생명을 걸고 진리를 선포했습니다. 아직 백성 앞에서는 선지자답게 사역해 보지도 못했습니다. 비가 내리지 않는다는 이야기만 전했을 뿐, 하나님이 어떤 분인지는 증거하지 못했습니다. 그야말로 최선을 다해 사역을 확장하고 하나님이 누구이신지 알려야 할 시점인데, 그릿 시냇가에 숨기신 것입니다.

갑자기 나타났다 갑자기 사라져 버린 선지자의 말에 아합 왕은 어떻게 반응했을까요? 누군지도 모르는 선지자가 한 말을 받아들일 수 있었을까요? '별 희한한 놈도 다 있다'라며 무시하지 않았을까요? 물론 그 후 수년 동안 정말 비가 내리지 않자 아합 왕은 엘리야를 찾습니다. 온 이스라엘을 뒤져 보지만, 엘리야의 흔적은 어디에도 없었습니다.

하나님이 엘리야를 숨기신 이유는 무엇이었을까요? 그것은 바로 그를 훈련하기 위해서였습니다. 하나님은 그를 온전한 하나님의 사람으로 세우기 원하셨습니다. 그래서 엘리야는 자신이 예언한 가뭄의 기간(3년)에 하나님께 훈련받습니다. 이 시간을 통해 그는 우상숭배에 빠져 헤매는 이스라엘을 두드려 깨워 하나님 앞에 서게 할 영적 거인으로 변화됩니다. 그래서 3년의 훈련 기간이 끝날 즈음, 그를 돌봐주던 사르밧 과부도 이렇게 고백했습니다.

24 여인이 엘리야에게 이르되 내가 이제야 당신은 하나님의 사람이시요 당신의 입에 있는 여호와의 말씀이 진실한 줄 아노라 하니라(왕상 17:24).

우리는 하나님의 사람으로 쓰임 받고 싶어 합니다. 하나님 앞에 거룩한 용사로 쓰임 받고 싶어 합니다. 하나님의 참되고 진실한 말씀을 전하는 사람이 되고 싶어 합니다. 그러나 그렇게 되려면 누구나 하나님이 예비하신 훈련의 처소로 물러가 숨는 과정을 거쳐야 합니다.

첫 번째 훈련, 광야

하나님은 엘리야를 그릿 시냇가라는 곳에 숨어 있게 하셨습니다. '그릿'은 '케리트'(כְּרִית)라는 히브리어에서 파생된 말로 '단절되다, 떨어져 나가다'라는 의미를 갖고 있습니다. 그릿 시냇가의 정확한 위치는 알 수 없지만, 하나님이 아합 왕이나 세상과는 단절된 곳으로 엘리야를 데려가셨다는 것은 분명합니다.

선지자로서 왕성하게 하나님의 말씀을 전해야 할 순간에 엘리야를 고립시켰습니다. 사역지를 떠나게 하시고 사역 대상과도 분리했습니다. 엘리야는 하나님의 이런 조치를 이해할 수 있었을까요? 이제 곧 모든 사람의 관심과 주목을 받게 될 순간에 멈추고 물러나 떠나라고 하시는데, 어느 누가 이해할 수 있겠습니까? "아니, 그렇다면 저를 왜 부르셨습니까? 이럴 거면 그냥 길르앗에서 조용히 살게 두지 그러셨습니까?" 하고 불평하지 않았겠습니까?

그릿 시냇가는 엘리야에게 광야와도 같은 곳이었습니다. 광야를 여행할 때 가장 힘든 점이 무엇인지 아십니까? 길이 어디인지, 그리고 끝이 어디인지 알 수 없다는 것입니다. 산을 오를 때 우리는 한 가지 분명한 목표와 확신을 갖고 산을 오릅니다. 도달할 정상이 있다는 사실입니다. 꼭대기가 점점 가까워집니다. 힘들고 지칠 때마다 정상을 바라보며, '이제 조금만 더 가면 돼. 저기까지만 올라가면 돼' 하고 생각하며 힘을 낼 수 있습니다. 끝이 분명히 보입니다. 얼마나 더 견디면 될지 분명히 알 수 있습니다.

하지만 광야는 끝을 알 수 없습니다. 지금 내가 바르게 길을 가고 있는지, 혹은 제자리만 맴도는 것은 아닌지 알 수가 없습니다. 종착지는 어디인지, 어디를 향해 가고 있는지 도무지 알 수가 없습니다. 엘리야가 숨어 있던 그릿 시냇가도 그런 곳이었습니다. 졸지에 그곳에 갇히게 된 엘리야는 어떤 생각이 들었을까요?

언제까지 이곳에서 있어야 하는지, 하나님은 왜 내게 말씀하지 않으시는지, 세상은 넓고 할 일은 많은데 하나님은 왜 나를 여기 처박아 두시는지, 왜 이런 시냇가에 3년이 넘게 나를 꽁꽁 묶어 두시는지 이해할 수 없었을 것입니다.

"하나님, 제가 이곳에 있는 것이 정말 주님의 뜻입니까? 정말 이곳에 있어야 합니까? 저를 왜 이곳으로 부르셨습니까?"

엘리야의 마음에도 이런 질문으로 가득 차 있었을 겁니다.

살다 보면 우리도 이와 비슷한 상황에 처할 때가 있습니다. 인생의 그릿 시냇가, 인생의 광야에 갇혀 꼼짝 못할 때 말입니다. 그럴 때 우리는 자신이 왜 그런 상황에 있어야 하는지 이해하지 못합니다. 그래서 이곳에서 자신을 끄집어내 줄 구원자를 찾아다닙니다. 만나는 사람들에게 자신은 더 큰 일을 할 수 있다고, 세상을 변화시키는 큰일을 감당하고 싶다며 열변을 토합니다.

그러나 하나님은 때때로 우리를 광야로 인도하십니다. 우리를 훈련하기 위해서입니다. 광야 훈련의 핵심은 하나님께 항복하는 것입니다.

광야에서는 인간의 능력과 자원은 무용지물이 됩니다. 물도 없고 음식도 없고 농사를 지을 수도 없으며 상점에서 필요한 것을 살 수도 없습니다. 하나님이 도와주지 않으시면 결코 살아남을 수 없는 곳이 바로 광야입니다. 그런데도 우리는 광야에서 자기 힘으로 살아보겠다고 발버둥 칩니다.

수영을 처음 배울 때를 생각해 보십시오. 남녀노소를 막론하고 수영을 처음 배울 때 나타나는 공통적인 특징은 발버둥을 치는 것입니다. 자기 힘으로 헤엄쳐 보려 안간힘을 쓰지만, 그럴수록 몸은 더 가라앉을 뿐입니다. 수영을 잘하려면, 몸의 힘을 빼고 죽은 듯 가만히 있어야 합니다. 물에 몸을 맡기면 자연스레 떠오르게 되어 있습니다. 그런데 이게 쉽지 않습니다. 힘을 빼고 가만히 있으면 가라앉아 버릴 것 같기 때문입니다. 그래서 살아보겠다고 발버둥을 치는 것입니다.

광야에서도 마찬가지입니다. 광야에서 살아남는 길 역시 오직 하나, 힘을 빼는 것뿐입니다. '힘을 뺀다'는 것은 무슨 말입니까? 내가 가진 자원과 능력과 경험, 그리고 내가 준비한 계획과 미래를 포기하는 것입니다. 나에게서 나오는 어떤 것도 의지하지 않고 오직 하나님만 의지하기로 결정하는 것입니다. 그게 바로 하나님께 항복하는 것, 그분 앞에 무릎 꿇는 것입니다.

하나님이 이스라엘 백성을 광야에 두신 것은 그들을 쓰러뜨리기 위해서가 아니었습니다. 오히려 그들을 강하게 만들기 위함이었습니다. 그 강함은 자신의 수단과 방법, 자원을 포기하고 전능하신 하나님만 바라보고 의지할 때 주어집니다.

그래서 광야는 이스라엘 백성이나 특별한 믿음의 사람들뿐만 아니라 모든 그리스도인이 반드시 통과해야 하는 과정입니다. 물론 엘리야도 마찬가지였습니다.

자신을 포기하고 낮아지라

광야와 반대로 세상은 우리에게 자신을 드러내라고 말합니다. 자신의 가치와 능력을 증명해 보이라고 합니다.

"네 힘을 보여 줘!"

"너의 능력을 보여 봐!"

그래서 세상 사람들은 자기 힘과 능력을 보여 주기 위해 애를 씁니다. 남의 것을 훔쳐서라도, 남을 속여서라도 자신을 높이며 자랑합니다. 하지만 하나님 나라는 그와 정반대 방식을 취합니다. 자신을 더 낮추고 더 겸손히 행하며, 오직 주인이신 예수 그리스도만 드러냅니다.

이 원칙은 그릿 시냇가를 광야 삼아 하나님이 엘리야에게 하셨던 훈련에 명확하게 나타나 있습니다. 엘리야를 그릿 시냇가에 숨기신 하나님은 그에게 이렇게 말씀하십니다.

> **4** 그 시냇물을 마시라 내가 까마귀들을 명하여 거기서 너를 먹이게 하리라 (왕상 17:4).

하나님이 먹여 주신다고 하십니다. 제가 엘리야였다면, 얼마나 맛있는 음식을 주실지 궁금해서 메뉴가 무엇인지 물어봤을 겁니다. 엘리야도 하나님이 어떤 만찬을 베푸실지 내심 기대하지 않았을까요? 드디어 식사 시간이 되었습니다. 엘리야가 그릿 시냇가에서의 첫 만찬을 기다리고 있을 때, 난데없이 새 한 마리가 날아들었습니다. 까마귀였습니다. 그 부리에 떡과 고기를 물고 있었습니다. 까마귀가 물고 온 떡과 고기를 보자마자 엘리야는 그것이 하나님이 주시는 음식임을 직감했을 것입니다.

그런데 한 가지 문제가 있습니다. 세상의 그 많고 많은 새 중에 왜 하필이면 까마귀란 말입니까?

까마귀가 어떤 새입니까? 맹수들이 먹다 남긴 사냥감의 사체를 뜯어먹고 사는 새입니다. 즉, 정결한 짐승이 아니라는 말입니다. 노아의 홍수 때 날려 보낸 까마귀가 방주로 돌아오지 않은 이유도 땅에 널린 사체들 때문이었을 것입니다. 그래서 레위기 11장을 보면 부정한 날짐승 중 하나로 까마귀(15절)가 기록되어 있습니다. 그런데 왜 하필 까마귀 같은 새를 통해 먹을 것을 공급하신다는 말입니까? 위생적이고 정결하고 깨끗한 습성을 가진 새가 얼마든지 많은데 말입니다.

이는 엘리야를 낮추시려는 하나님의 첫 번째 훈련이었습니다. 하나님은 까마귀를 통해 엘리야의 '자기 의'를 다루기 원하셨습니다. 엘리야는 율법을 지켜야 살아갈 수 있었던 유대인입니다. 따라서 정결한 것과 부정한 것에 대한 견고한 기준이 있었을 것입니다. 의롭고 정결한 존재가 되기 위한 조건은 무엇인지, 어떻게 해야 그것을 충족할 수 있는지 잘 알고 있었다는 말입니다. 그는 늘 의로운 존재가 되기 위해, 그리고 의로운 상태를 유지하기 위해 노력하는 사람이었습니다.

하지만 종교적 습관이나 규칙, 자신의 노력으로 의롭게 될 수 있다는 착각이야말로 하나님 앞에서 가장 심각하고 무거운 죄입니다. 자기 의는 예수 그리스도의 십자가 복음과 정면으로 맞서는 장애물입니다. '나는 의로워. 난 법 없이도 살 수 있는 존재야. 내가 무슨 죄를 지었다고 그래? 나만큼만 하면 돼. 나는 다른 사람을 해친 적도 없고, 감옥에 갇힐 만한 죄를 지은 적도 없어. 이 정도면 의로운 존재지'라는 생각으로 똘똘 뭉친 사람이 어떻게 하나님께 항복하고 무릎 꿇을 수 있겠습니까? 그런 사람은 자신의 의와 공로로 하나님께 인정받고 보상받고 싶어 할 뿐, 자신의 죄성과 한계를 한탄하며 회개하고 자복하지 않습니다. 그래서 하나님은 까마귀를 통해 엘리야의 뿌리 깊은 자기 의를 무너뜨리기 시작하십니다. 부정한 까마귀가 건네주는 음식을 받아먹어야만 하는 아이러니한 상황으로 그를 밀어 넣으신 것입니다.

그런데 엘리야의 식수가 되어 주던 시내가 오랜 가뭄 끝에 마르기 시작합니다. 살아야 한다는 일념 하나로 '더러운' 까마귀가 가져다준 음식을 눈 딱 감고 받아먹으며 지냈는데, 이게 또 무슨 일입니까? 그때 하나님은 엘리야에게 사르밧으로 가라고 말씀하십니다(왕상 17:9). 사르밧이 어떤 땅입니까? 시돈에 속한 지역입니다. 시돈은 아합 왕에게 시집 온 이세벨의 고향입니다.

하나님은 엘리야를 우상숭배의 중심지이자 이방의 땅 '적진' 한가운데로 보내셨습니다. 뿐만 아니라 엘리야에게 사르밧에 사는 한 여인의 집에 식객으로 살라고 하십니다. 남자도 아닌 여자, 그것도 하나님을 모르는 이방 여인, 그것도 남편을 사별하고 아들만 데리고 사는 과부, 찢어지게 가난해서 마지막으로 떡 한 번 구워 먹고 죽기를 기다릴 수밖에 없는 사람에게 빌붙어 살라는 것입니다. 하나님은 엘리야를 위해 그런 사람을 준비해 놓으셨습니다.

"하나님, 어떻게 그러실 수 있습니까? 차라리 까마귀를 계속 보내 주십시오. 그게 더 낫겠습니다!"

엘리야의 심정이 이러지는 않았을까요? 그런데 이것이 바로 엘리야를 낮추시는 하나님의 두 번째 훈련이었습니다. 하나님은 사르밧 과부를 통해 엘리야의 '자존심'을 다루기 원하셨습니다. 자기 의를 버린다는 것은 자신의 모든 가능성을 내려놓는 것입니다. 자기를 높이며 '위로 올라가기'를 포기하는 것입니다. 높아지기를 포기한 다음에는 어떻게 해야 합니까? 낮아져야 합니다. 스스로를 낮춰야 합니다. 그것은 바로 자존심을 버리는 것입니다.

엘리야가 어떤 사람입니까? 여호와께 선택받은 백성입니다. 더 나아가 하나님의 말씀을 받드는 선지자이고, 왕도 두려워하지 않고 맞서던 기백의 소유자입니다(물론 지금은 노숙자 신세일 뿐이지만). 그런 사람이 자식 딸린 가난한 이방인 과부에게 신세를 져야 한다는 현실 앞에 얼마나 처참하게 무너졌을지 상상할 수 있겠습니까? 엘리야는 이렇게 겸손과 낮아지는 훈련을 받았습니다.

엘리야처럼 하나님께 항복하는 훈련을 수료할 때 비로소 우리는 광야를 벗어나게 됩니다.

두 번째 훈련, 폭풍우

그러나 하나님께 항복하는 것만으로는 주님의 주인 되심에 온전히 순복할 수 없습니다. 첫 번째 광야 훈련에 이어 두 번째 훈련이 필요합니다. 그것은 바로 폭풍우를 통과하는 것입니다.

마태복음 14장 15-21절을 보면, 예수님이 보리떡 다섯 개와 물고기 두 마리로 오천 명을 먹이신 오병이어의 기적이 기록되어 있습니다. 이 기적에 대한 사람들의 반응은 과히 폭발적이었습니다. 예수님을 자신들의 왕으로 삼고 새로운 나라를 세우려는 움직임이 일어날 정도였습니다(요 6:15).

사람들은 정말 하나님을 왕으로 인정했을까요? 사람들에게 있어서 예수님은 누구였을까요? 사람들은 예수님을 메시아가 아니라 선지자로 이해하고 있었습니다.

> 14 그 사람들이 예수의 행하신 이 표적을 보고 말하되 이는 참으로 세상에 오실 그 선지자라 하더라(요 6:14).

사람들은 모세나 엘리사 같은 구약시대의 선지자들을 통해서도 오병이어와 비슷한 기적들이 일어났다는 것을 알고 있었습니다. 그래서 이토록 놀라운 기적을 베푸셨음에도, 예수님이 메시아로 오신 하나님의 아들이심을 미처 깨닫지 못했습니다. 그저 예수님을 구약시대 선지자들의 계보를 잇는 훌륭한 인물, 배고픔의 문제를 해결해 줄 신령한 랍비 정도로만 생각했습니다.

이는 사실 제자들도 마찬가지였습니다.

²² 예수께서 즉시 제자들을 재촉하사 자기가 무리를 보내는 동안에 배를 타고 앞서 건너편으로 가게 하시고 ²³ 무리를 보내신 후에 기도하러 따로 산에 올라가시다 저물매 거기 혼자 계시더니(마 14:22-23).

예수님은 사람들을 돌려보내신 후 서둘러 제자들을 갈릴리 호수 맞은편으로 건너가게 하셨습니다. 그리고 홀로 산으로 올라가서 날이 저물 때까지 거기 머물러 계셨습니다. 한편 배를 타고 갈릴리 호수를 건너가던 제자들은 풍랑을 만나 큰 위기에 빠져 있었습니다.

²⁴ 배가 이미 육지에서 수리나 떠나서 바람이 거슬리므로 물결을 인하여 고난을 당하더라(마 14:24).

당시 제자들이 타고 있던 배는 조그만 돛단배나 노를 젓는 나룻배였을 것입니다. 그 배를 타고 가다가 호수 한복판에서 풍랑을 만났습니다. 금방이라도 배를 집어삼킬 것 같은 거센 파도에 강한 맞바람까지, 글자 그대로 진퇴양난의 상황이었습니다.

제자들은 원래 갈릴리 바다에 익숙한 사람들입니다. 어려서부터 그곳에서 고기를 잡으며 자란 어부들이었습니다. 수많은 바람과 파도와 맞서 싸운 이들입니다. 그런 이들이 열 시간 넘게 풍랑에 시달렸다는 것은, 그만큼 그들이 자신들의 경험과 기술로는 넘길 수 없는 강력한 풍랑을 만났다는 사실을 보여 줍니다. 한밤중에 바다 한복판에서 어쩔 줄 몰라 당황해 하는 제자들의 모습을 한 번 상상해 보십시오. 목숨이 왔다 갔다 하는 절박한 순간이었습니다.

바다 위를 걸어 찾아오신 '하나님'

이때 죽음의 두려움 가운데 떨고 있던 제자들은 바다 한가운데 그들을 향해 오는 그림자를 발견하고는 경악합니다. 그 그림자의 정체는 바로 예수님이셨습니다.

> 25 밤 사경에 예수께서 바다 위로 걸어서 제자들에게 오시니 26 제자들이 그 바다 위로 걸어오심을 보고 놀라 유령이라 하며 무서워하여 소리 지르거늘 (마 14:25-26).

처음에 제자들은 물귀신이 나타났다며 두려워합니다. 그러자 즉시 예수님이 공황 상태에 빠진 제자들에게 자신을 밝히십니다.

27 예수께서 즉시 일러 가라사대 안심하라 내니 두려워 말라(마 14:27).

이 구절에서 '내니'로 번역된 헬라어 '에고 에이미'(Ἐγώ εἰμί)는 출애굽기 3장에서 하나님이 모세에게 "나는 스스로 있는 자다"(14절)라고 말씀하신 것과 같은 말입니다. 하나님이 자신을 소개할 때 사용하신 표현을 예수님이 자기 신분을 밝힐 때 그대로 사용하신 것입니다.

자신들의 힘으로는 벗어날 수 없는 폭풍우 속에서 예수님이 바다 위를 걸어 제자들에게 다가오십니다. 그런데 여느 때와 달리 그들이 잘 알고 있는 구약의 성경 구절로 자신이 누구인지 밝히십니다. 그런데 그 구절은 하나님이 모세에게 자신이 스스로 존재하는 여호와이심을 밝히는 말씀이었습니다.

"안심해라. 천지 만물을 지었고 지금도 다스리는 하나님인 내가 왔으니 더는 두려워할 필요가 없다."

보리 떡 다섯 개와 생선 두 마리로 오천 명을 먹이고도 남을 식량을 만들어 내시는 분, 바다 위를 걸으시며 거센 폭풍우를 잠잠케 하시는 분, 수많은 기적과 이적을 베푸시고 급기야 죽은 사람까지 살리는 분이 지금 "나는 스스로 있는 자다"라고 말씀하십니다. 그렇다면 예수님은 도대체 누구란 말입니까?

그때 베드로가 물 위를 걸어 예수님께 나아갔지만, 거센 바람과 파도를 보고 곧 물에 빠지고 맙니다. 폭풍우 속에서 용감하게 배를 떠나 바다로 나섰지만, 손을 내밀면 닿을 만큼 예수님께 가까이 나아갔지만, 두려움에 그만 발목을 잡힌 것입니다.

그래서 예수님은 베드로를 건져 주시면서 말씀하십니다.

> 31 예수께서 즉시 손을 내밀어 저를 붙잡으시며 가라사대 믿음이 적은 자여 왜 의심하였느냐 하시고(마 14:31).

우리는 이 말을 이렇게 받아들입니다.
"쯧쯧. 베드로는 정말 믿음이 없었군!"
하지만 예수님은 믿음이 없다고 말씀하지 않으셨습니다. '작다'고 말씀하셨습니다.

베드로는 예수님을 신뢰하고 의지하고 있었습니다. 예수님께 순종하면 기적이 일어난다는 사실을 체험을 통해 알고 있었습니다. 그는 예수님을 믿고 있었습니다. 그래서 용기를 내어 폭풍우 속 바다를 걸었던 것입니다. 비록 베드로처럼 물 위를 걷지는 못했지만 다른 제자들도 비슷했을 것입니다. 그렇다면 무엇이 문제입니까? 예수님을 잘 압니다. 그분의 성품과 능력을 가까이에서 경험했습니다. 그래서 그분을 믿고 따라갑니다. 그런데 왜 예수님은 제자들을 폭풍우 속에 밀어 넣으시고, 그분을 신뢰하며 바다 위를 걸은 베드로에게 믿음이 작다고 하신 걸까요?

제자들의 믿음이 딱 거기까지였기 때문입니다. 예수님을 알고 그분의 성품과 능력을 경험하고 그분을 의지하고 신뢰하지만, 그들은 예수님이 주님이며 그리스도이심을 알지 못했습니다. 예수님께 전적으로 순종하고 있었지만 제자들은 자신들의 스승을 위대한 선지자 중 하나쯤으로 여기고 있었습니다.

예수님이 폭풍우 속에서 "나는 스스로 있는 하나님이다"라고 말씀하시며 배로 다가오셨지만, 베드로는 그 의미를 제대로 깨닫지 못한 채 이렇게 요청했습니다.

> 28 베드로가 대답하여 이르되 주여 만일 주님이시거든 나를 명하사 물 위로 오라 하소서 하니(마 14:28).

"정말 당신이 주님이시라면, 제가 바다 위를 걷게 해주십시오. 예수님이 말씀하시면 저는 할 수 있습니다! 능히 갈 것입니다!"라며 용감하게 바다에 뛰어들었습니다. 사실 이 정도도 놀라운 믿음입니다. 하지만 예수님은 '그 정도' 믿음이 폭풍우 속에서 얼마나 철저히 무너지는지 알고 계셨습니다. 베드로는 눈에 보이는 절대 위기 앞에서 예수님에 대한 의심으로 흔들리며 한 발도 나가지 못하고 바다에 빠져 버렸습니다.

주인 되신 예수를 경배하라

예수님은 손을 내밀어 바다에 빠진 베드로를 붙잡아 그와 함께 배로 올라가셨습니다. 바로 그때 거짓말처럼 폭풍우가 멈췄습니다. 제자들에 대한 예수님의 폭풍우 훈련이 끝난 것입니다. 훈련의 결과는 어떻게 되었을까요?

33 배에 있는 사람들이 예수께 절하며 가로되 진실로 하나님의 아들이로소이다 하더라(마 14:33).

한글 성경에 '절한다'로 번역된 부분은 영어 성경에 '경배했다'(worship)로 되어 있습니다. 폭풍우 훈련을 통과한 제자들이 제일 먼저 한 것이 바로 예수님을 경배한 것입니다. 그러면서 그들은 이렇게 고백합니다.

"당신은 진실로 하나님의 아들이십니다."

비로소 제자들이 예수님을 하나님과 주님으로 인정하며 고백하고 있습니다.

히브리어 '아바드'(עָבַד)와 헬라어 '프로스퀴네오'(προσκυνέω)는 모두 신구약 성경에서 '경배하다'로 번역되는 단어들인데, 이 중 '하나님을 경외하고 그분을 경배한다'는 의미의 '아바드'는 원래 '종'(servant)이라는 뜻의 '에베드'(עֶבֶד)에서 나온 단어라고 합니다. 이는 경배하는 행위 자체에 주인의 권위를 인정하고 주인 앞에 엎드려 그의 말에 절대 복종한다는 의미가 포함되어 있음을 말해 줍니다. '프로스퀴네오' 역시 주인과 종의 관계를 의미하고 있습니다.

그러므로 경배는 하나님이 누구이신지 알고 그분을 인정하는 것이며, 하나님이 주님이심을 깨닫고 그분 앞에 엎드리는 것입니다. 이제부터 주님이 아닌 다른 어떤 것에도 무릎 꿇지 않겠다고 선포하는 것입니다.

인간의 한계를 초월하는 폭풍우를 통과할 때 우리는 비로소 자신이 믿고 따르는 예수님이 진정한 주님이며 하나님이심을 깨닫고 그분을 경배하게 됩니다. 예수님도 이 고백과 선포로 사탄의 시험에서 승리하셨습니다.

> 10 이에 예수께서 말씀하시되 사단아 물러가라 기록되었으되 주 너의 하나님께 경배하고 다만 그를 섬기라 하였느니라(마 4:10).

우리는 하나님 한 분만 경배하고 그분만 섬기며, 그분 외에는 아무것도 자기 앞에 두지 말아야 합니다.

폭풍우에 들어가기 전까지 제자들은 예수님을 훌륭한 선지자 중 한 분으로 생각했습니다. 로마의 압제나 의식주 같은 문제를 해결해 주는 분 정도로 인식한 것입니다.

하지만 폭풍우 속에서 바다 위를 걸으시고 거센 파도와 바람을 잠잠케 하시는 예수님을 만나면서 그들은 예수님이 선지자가 아니라 하나님과 주님이심을 깨닫고 엎드려 경배하게 되었습니다.

우리는 자주 하나님을 우리 자신의 생각과 사고, 경험으로 제한합니다. 입으로는 예수님을 믿고 섬긴다고 하지만, 실제로는 그분을 선지자와 스승 정도로만 생각하고 있음을 알 수 있습니다. 주님이 마땅히 해야 할 일을 해주지 않으신다는 식으로 "왜 내 문제를 해결해 주지 않으십니까? 왜 내 사역과 일에 더 좋은 것을 허락하지 않으십니까?"라고 불평합니다.

문제가 어려우면 어려울수록 믿음은 작아지고 의심만 자라납니다. 주님을 신뢰하지 못하고 흔들립니다.

예수님은 그런 우리에게 자신이 누구인지 보여 주고 가르쳐 주기 원하십니다. 그래서 우리를 폭풍우 속으로 밀어 넣으십니다. 폭풍우에 갇혀 꼼짝도 하지 못하는 우리에게 직접 찾아오셔서, 자신이 주님이심을 계시해 주시고 그분 앞에 엎드려 경배하게 하십니다.

주님이 주인 되시는
최고의 삶

 주님을 주인으로 인정하는 것은 성경을 많이 알거나 교회를 오래 다녔다고 되는 것이 아닙니다. 반드시 광야와 폭풍우를 통과하는 훈련을 받아야 가능한 일입니다. 언제쯤 광야를 벗어날 수 있을지 고민하다 지쳐 있다면, 감당할 수 없는 폭풍우 속에서 의심과 두려움에 사로잡혀 있다면 당신은 예수님을 주인으로 인정하기 위한 훈련 가운데 있는지도 모릅니다. 만약 그렇다면 지금 가장 중요한 것은 광야와 폭풍우에서 탈출하기 위해 계획하고 준비하고 있는 모든 것을 포기하고 주님을 기다려야 할 것입니다. 주님이 이 광야와 폭풍우 가운데서 나에게 가르치실 것이 무엇인지 배워야 합니다.

 이 광야 한가운데서 주님의 주인 되심을 인정하십시오. 폭풍우 한가운데서 주님이 주인 되심을 받아들이십시오.

 인간은 주인이며 왕이신 하나님의 자리에 끊임없이 올라서려고 하는 존재입니다. 그래서 예수 그리스도의 주 되심, 혹은 주재권(Lordship)에 순복하며 살아가는 것은 저절로 되는 일이 아닙니다. 따라서 하나님은 우리를 광야 한가운데로 몰아 넣으십니다. 폭풍우 한가운데를 지나게 하십니다. 주재권(Lordship)에 순복하는 것은 오직 훈련을 통해서만 가능합니다.

　기도할 때 우리는 입으로 주님을 부르지만, 그 내용은 "무엇무엇을 해주시옵소서! 무엇무엇을 해주실 줄 믿습니다!" 하는 이야기 일색입니다. 하나님께 존칭어를 붙이기는 하나, 실상 우리가 주인이고 하나님이 종입니다. 허구한 날 달라고 할 뿐, 주님의 통치에 대해서는 아무런 개념이 없습니다. 구원받고 복 받고 은혜받는 데는 빠르지만, 주님이 원하시는 것에는 관심조차 없습니다. 우리는 자기 생각을 따라 사는 데 최고의 전문가들입니다. 어떤 경우에는 자신이 결정한 것조차 지키기 싫어합니다. 그런 우리가 어떻게 그리스도의 주인 되심을 자연스럽게 인정하고 순종할 수 있겠습니까?

　그래서 주인이신 예수 그리스도께 순복하는 것은 오직 훈련으로만 가능합니다. 오직 훈련을 통해서만 주님이 주인이신 줄 알고 그분의 주권 아래 무릎 꿇을 수 있습니다.

　하나님이 원하시는 것은 우리의 능력과 자원이 아닙니다. 그분이 원하시는 것은 "저는 주님 한 분만으로 충분합니다. 저는 주님이 말씀하시는 대로 살겠습니다. 주님만 드러내기 원합니다. 저는 오직 주님만 높이겠습니다"라는 우리 심령의 항복 선언입니다.

　하나님은 이렇게 자신을 다시 다듬고 빚어 달라고 외치는 이들을 기뻐하십니다. 광야와 폭풍우 속에서도 주님의 주인 되심을 붙잡고 무슨 일이 있어도 주님만 섬기겠다고 결단하는 사람들을 기뻐하십니다. 그렇게 우리는 자기 인생의 주인 자리에서 내려오게 됩니다. 그 자리는 오직 예수 그리스도 한 분만 앉으실 수 있으며, 앉으셔야 하는 자리입니다.

주님이 주인 되시고, 주님만이 이끄시는 놀랍고 아름다운 삶을 살고 싶습니까? 그렇다면 우리가 먼저 결정해야 할 것이 있습니다. 지금까지 우리가 하나님보다 더 사랑하며 의지했던 모든 것을 포기하십시오. 온전히 주님께만 집중하십시오. 하나님은 우리를 원래 그런 존재로 지으셨습니다. 그러므로 주님을 주인으로 인정하는 것은 우리 자신을 포함한 모든 것이 제자리를 찾는 놀라운 변화의 출발점이 될 것입니다.

chapter 5

주님이
주인이라면
이해할 수
없다 해도
끝까지
따라가야 한다

말도 안 되는 상황,
말도 안 되는 명령

　모세가 죽고 그의 뒤를 이어 여호수아가 지도자가 된 후, 사십 년 동안 광야를 방황하던 이스라엘 백성은 요단 강을 건너 가나안으로 들어갑니다. 바야흐로 가나안 정복전쟁을 시작해야 하지만, 이스라엘 백성이 극복하기 힘든 문제가 몇 가지 있었습니다.
　먼저 신장과 체격의 열세입니다. 가나안 사람들은 '거인'이라고 불릴 정도로 거구들이었습니다. 조금 과장하자면, 그들 앞에 선 이스라엘 백성은 메뚜기 같아 보일 정도였습니다. 체격 조건이 그렇게 좋다면, 당연히 힘도 셌을 겁니다. 그리고 가나안 사람들은 성 안에 머물러 수비하는 입장이었습니다. 성 안에 있다는 것은 보호막을 갖고 있다는 말입니다. 밖에서 공격하는 이스라엘 백성은 성을 무너뜨려야 합니다. 이렇게 성 밖에서 성 안을 공격하려면 몇 배의 군사력이 있어야 합니다. 하지만 성 안에 있는 사람들은 문만 잠그고 지키기만 하면 됩니다.

더 갑갑한 것은 당시 가나안이 철기 문화권이었다는 점입니다. 가나안 사람들은 철제 무기를 갖고 있었습니다. 그런데 성경을 보면, 여호수아 시대에서 약 4백 년이 지난 사울 왕 때도 이스라엘에서 철제 무기는 왕인 사울과 그의 아들 요나단만이 갖고 있었음을 볼 수 있습니다. 즉, 여호수아 당시 이스라엘이 철을 다룰 줄 전혀 몰랐다는 이야기입니다.

애굽 당시 이스라엘은 철을 다루지 못했을 것입니다. 이스라엘 민족의 반란을 늘 두려워했던 애굽 왕들이 철제 무기를 다루게 했겠습니까? 더욱이 이스라엘은 청동으로 만든 무기조차 충분하지 않아서, 돌멩이나 나무 막대 같은 것으로 전투를 치를 수밖에 없었습니다. 이렇게 이스라엘 백성의 전력은 가나안 사람들에게 한참 열세에 놓여 있었습니다.

하지만 전쟁에서 이기려면 체격이나 무기 못지않게 군사들의 사기도 중요합니다. 전력이 딸려도 사기가 높으면 승리할 가능성이 있습니다. 여호수아 5장을 보면 이스라엘 백성이 요단 강을 건넜다는 소식에 가나안 부족의 왕들이 매우 두려워했다고 기록하고 있습니다.

> ¹ 요단 서쪽의 아모리 사람의 모든 왕들과 해변의 가나안 사람의 모든 왕들이 여호와께서 요단 물을 이스라엘 자손들 앞에서 말리시고 우리를 건네게 하셨음을 듣고 마음이 녹았고 이스라엘 자손들 때문에 정신을 잃었더라(수 5:1).

지도자들이 싸울 의욕을 잃었으니 병사들의 상태야 오죽했겠습니까? 요단 강을 갈라 그곳을 육지처럼 걸어서 건넜다는 정체불명의 떠돌이 집단(이스라엘) 때문에 많은 나라가 정신을 차리지 못하고 있었습니다.

전력에서 밀리는 이스라엘 입장에서는 호재가 아닐 수 없습니다. 적이 전의를 상실했으니 이럴 때 바짝 밀어붙여서 가나안을 무너뜨려야 합니다. 정신 못 차리고 있을 때 속전속결로 쳐들어가 성을 점령해야 합니다. 그 어느 때보다 여호수아와 이스라엘 백성에게 신속한 의사 결정과 행동이 필요한 시점이었습니다. 바로 그 중요한 때 하나님이 여호수아에게 말씀하십니다.

> ²ª 그때에 여호와께서 여호수아에게 이르시되…(수 5:2).

하나님이 부르셨을 때 여호수아는 어떤 말씀을 기대했을까요? 가나안 공격을 명하시면서 승리하기 위한 전략도 일러 주실 거라 생각했을 겁니다. 그러나 하나님은 여호수아에게 전혀 예상하지 못한 말씀을 하셨습니다. 아니, 그것은 듣고도 자기 귀를 의심할 수밖에 없는 특별한 말씀이었습니다.

> 2b …너는 부싯돌로 칼을 만들어 이스라엘 자손들에게 다시 할례를 행하라 하시매(수 5:2).

가나안의 강적들을 마주한 상황에서 하나님이 뭐라고 말씀하십니까? 할례를 행하라고 하십니다.

이스라엘 백성은 지금 어떤 상황입니까? 그들은 지금 여리고 성 앞에 있습니다. 바짝 긴장한 적군들이 그들만 주시하고 있습니다. 요단 강을 건넌 그 기세로 여리고 성을 공격하여 무너뜨릴 최고의 기회를 맞이했는데, 하나님은 갑자기 공격하지 말고 할례를 행하라고 하십니다. 할례 받고 드러누워 있으라고 하십니다.

할례를 받으면 어떻습니까? 의학기술이 발달한 지금도 할례를 행하면 며칠 동안 전쟁은 고사하고 움직이기도 어렵습니다.

창세기 34장에서 야곱의 딸 디나는 세겜 성을 구경하러 나갔다가 성폭행을 당하게 됩니다. 이 사건 때문에 온 가족이 슬퍼하고 아파했겠지만, 특히 디나의 친오빠였던 시므온과 레위가 누구보다 힘들어 했습니다. 그래서 그들은 동생을 위해 잔인한 복수를 계획합니다.

마침 디나를 성폭행한 추장 세겜이 혼인 의사를 전해 왔습니다. 그래서 야곱의 아들들은 할례를 받으면 디나와 결혼해서 한 가문처럼 잘 지낼 수 있다고 그들에게 거짓말을 합니다. 그 말을 철석같이 믿은 순진한 세겜 남자들은 전원이 곧바로 할례를 행합니다. 그들이 고통 가운데 누워 있을 때, 시므온과 레위 단둘이서 누워 있는 세겜 남자들을 학살합니다. 몸싸움을 벌일 필요는 없었습니다. 전부 아파서 뒹굴고 있었으니까 그냥 쉽게 죽였을 것입니다. 세겜 성의 남자들을 다 죽인 뒤 두 사람은 성을 노략했습니다.

이 사건만 봐도 할례 받는 것이 얼마나 고통스럽고 사람을 무기력하게 만드는지 이해할 수 있습니다. 마취제도 없고 수술칼도 없던, 말똥말똥한 정신에 돌을 깨뜨려 만든 칼로 할례를 행하던 당시에는 과다 출혈과 2차 세균 감염 등으로 목숨을 잃는 사람도 많았을 것이고, 시술 후 살아남는다 해도 얼마 동안은 전투를 벌이기 어려웠을 것입니다. 그러므로 반드시 할례를 행해야 한다면 최소한 깊은 골짜기에 숨어서 적이 들어오지 못하도록 입구를 막고 보초를 세워야 합니다. 적의 눈에 띄지 않는 곳에서 해야 합니다. 이것은 상식입니다.

그런데 여호수아 5장에서 이스라엘 백성은 어땠습니까? 요단강 옆에서 할례를 행하고 그대로 모두 누워 있었습니다. 이 사람들이 누구입니까? 전부 가나안과 싸워야 할 남자들입니다. 아무리 하나님이라 해도 이런 말도 안 되는 명령까지 따라야 합니까? 만약 군인들이 여리고 성에서 나와 공격한다면 손 한 번 못 써 보고 끝날 텐데 말입니다.

하나님께 뒤통수 맞다

사도행전 16장에는 사도 바울의 2차 전도여행 때 벌어진 대형 사건이 기록되어 있습니다.

> 6 성령이 아시아에서 말씀을 전하지 못하게 하시거늘 그들이 브루기아와 갈라디아 땅으로 다녀가(행 16:6).

원래 사도 바울은 소아시아, 즉 지금의 터키 지역에서 복음을 전하고 싶었습니다. 1차 전도여행 때 세운 교회들을 방문하고, 아시아에서 말씀을 전할 계획이었습니다. 그런데 성령님이 그의 사역을 막으셨습니다. 할 수 없이 사도 바울은 지금의 터키 북쪽, 흑해 연안 지역들인 비두니아로 방향을 틀었습니다. 한 번도 가 보지 않은 지역에서 복음을 전하려고 했는데, 이것마저 예수의 영이 막으셨습니다. 결국 하나님의 뜻이 무엇인지 깨닫지 못한 채 헤매던 사도 바울은 트로이 근처 드로아까지 내려가게 됩니다.

그때, 밤중에 사도 바울에게 마게도냐 사람의 환상이 나타납니다. 환상 속의 사람은 바울에게 마게도냐, 즉 그리스 지역으로 건너와서 자신들을 도와 달라고 부탁합니다. 어디로 가야 할지 하나님의 뜻을 묻고 있던 바울은 즉시 마게도냐로 가기로 결정합니다(행 16:10). 하나님이 환상을 통해 말씀하셨다는 것을 즉시 받아들이고, 이 일을 위해 자신을 부르셨음을 인정한 것입니다.

마게도냐 지역으로 건너가 첫 번째 성인 빌립보에 도착한 사도 바울은 우연히 강가에서 기도하다가 두아디라 출신의 루디아를 만나게 됩니다. 하나님을 믿고 있던 루디아는 사도 바울이 전해 준 복음을 받아들여 온 가족이 세례를 받고, 자신의 집을 사역의 거점으로 제공합니다. 아마 사도 바울은 '이게 하나님의 계획이었구나. 루디아와 그의 집을 위해 우리를 이곳으로 부르셨나 보다'라고 생각했을 것입니다.

그런데 전혀 예상하지 못한 사건이 일어납니다. 당시 빌립보에는 귀신에 들린 여종에게 점을 치게 해서 돈을 벌던 사람들이 있었습니다. 하지만 사도 바울이 여종들로부터 귀신을 쫓아내는 바람에 그들은 졸지에 사업을 접어야 했습니다. 분노한 여종의 주인들은 괴이한 풍속을 전해서 대중을 현혹한다는 죄목으로 바울과 실라를 당국에 고발했고, 결국 바울과 실라는 실컷 두드려 맞고

발에 차꼬를 찬 채로 중범죄자 전용 지하 감옥에 갇히고 맙니다.

도대체 무슨 일이 벌어진 것입니까? 애당초 두 사람은 아시아에서 예수 그리스도의 복음을 전하고 싶어 했습니다. 빌립보에 올 생각이 없었습니다. 자꾸 성령님이 막고 다른 길로 인도하시기에 순종하고 마게도냐로 건너왔을 뿐입니다.

성경에는 기록되어 있지 않지만, 경로를 수정하는 과정에서 바울과 실라는 많은 대가를 치러야 했을 것입니다. 그렇게 억지로 사람을 끌고 왔으면 사역이라도 순적하게 열어 주셔야 하는 것 아닙니까? 그런데 이게 뭡니까? 로마 시민권자인데 재판도 받지 못하고 사람들 앞에서 수치스럽게 옷을 찢기고 엄청나게 많은 매를 맞았습니다. 발에 차꼬를 차고 햇빛도 들어오지 않는 지하 감옥에 갇혔습니다.

제가 사도 바울이라면 이렇게 원망할 것 같습니다.

"하나님, 이러시려고 저희를 여기로 인도하신 겁니까?"

"다른 데로 가려는 사람의 발목을 붙잡아서 끌고 오셔서는 이런 고통을 주십니까?"

이스라엘 백성의 할례나 사도 바울의 빌립보 투옥 이야기를 접하게 되면 우리도 이런 생각을 하게 됩니다.

'이래서야 어디 무서워서 하나님 말씀에 순종할 수 있겠어?'

'순종도 잘 골라서 해야지. 잘못 걸리면 큰일 나겠어.'

말도 안 되는
명령을 하시는 이유

출애굽 사건을 경험한 이스라엘 백성은 40년 동안 광야를 방황하다가 생을 마쳤습니다. 그들이 가나안에 들어가지 못한 것은 하나님의 말씀에 순종하지 않았기 때문이었습니다. 광야에서 자라난 새로운 세대가 여호수아를 중심으로 일어났습니다. 그들은 홍해처럼 갈라진 요단 강을 건너 약속의 땅을 밟았고, 사느냐 죽느냐 갈림길이 될 정복전쟁을 시작해야 했습니다. 그런데 이렇게 중요한 시점에 할례가 웬 말입니까? 여호수아와 출애굽 2세대는 하나님의 어이없는 명령에 어떻게 반응했을까요? 1세대들처럼 불평하며 하나님의 뜻을 반대했을까요?

"하나님, 말도 안 됩니다. 그렇게 했다가는 몰살당할 겁니다."

"하필이면 가나안에서 견고하기로 소문난 여리고 성 앞에서 할례를 해야겠습니까? 여리고 성을 먼저 점령한 뒤에 해도 늦지 않을 텐데 지금 이 중요한 시점에 꼭 해야 하는 겁니까?"

"하나님, 정 그러시면 조금만 기다려 주십시오. 우선 여리고 성을 점령하고 나면 꼭 모두 할례 받도록 하겠습니다. 며칠만 기다려 주세요."

하지만 여호수아는 하나님께 그렇게 말씀드리지 않았습니다.

하나님의 말씀대로 할례를 행했습니다. 왜 하나님은 이스라엘 백성에게 이렇게 비상식적인 명령을 내리신 걸까요?

성경에 맨 처음으로 '할례'가 등장하는 곳은 창세기 17장으로, 아브라함이 하나님 앞에서 할례를 행하는 장면입니다. 아브라함은 75세 때 하나님의 부르심을 받았습니다. 그때부터 아브라함은 파란만장한 인생을 살게 됩니다. 본토 친척 아비 집을 떠나고, 롯에게 비옥한 땅을 양보한 뒤 하나님의 위로를 받고, 도적 떼에게 붙잡혀 간 롯과 그의 식솔을 구하고, 하나님과 놀라운 언약을 맺기도 했습니다. 부르심을 받은 이후 아브라함은 10년 동안 놀라운 기적과 이적을 경험했습니다. 그 내용이 창세기 12-16장에 기록되어 있습니다.

그런데 흥미로운 것은 창세기 16장과 17장이 무려 13년의 시간 차이가 난다는 사실입니다.

> ¹⁶ 하갈이 아브람에게 이스마엘을 낳았을 때에 아브람이 팔십육 세였더라 (창 16:16).
>
> ¹ 아브람이 구십구 세 때에 여호와께서 아브람에게 나타나서 그에게 이르시되 나는 전능한 하나님이라 너는 내 앞에서 행하여 완전하라(창 17:1).

16장이 끝날 때 아브라함의 나이는 86세였고, 17장이 시작될 때는 99세였습니다. 이것은 무엇을 의미하는 걸까요? 13년 동안 성경에 기록할 만한 사건이 전혀 일어나지 않았다는 말입니다. 도대체 하나님과 아브라함 사이에 무슨 일이 있었던 걸까요?

아브라함은 비록 자식이 없었지만, 하늘의 별과 바닷가의 모래처럼 자손을 주시겠다는 하나님의 약속을 믿었습니다. '이제는 주시겠지. 이번에는 되겠지. 이번에는 주실 거야' 하며 기다렸지만 아무 일도 일어나지 않습니다. 그렇게 10년이 지나가자 사라의 마음이 약해졌습니다. 그래서 아브라함에게 자신의 종 하갈을 첩으로 맞아 아들을 얻으라고 제안합니다. 성경은 이때 아브라함이 아내의 말을 '들었다'고 기록합니다(창 16:2). '동의했다'는 말입니다. 아무리 기다려도 자식이 생기지 않으니까 '이건 안 되는 일이야. 우리는 이미 75년을 기다렸잖아? 그래도 하나님이 말씀하셔서 10년 더 기다려 봤지만 역시 안 되잖아. 이젠 그만하자. 우리도 할 만큼 했어'라는 생각이 든 것 같습니다.

결국 아브라함 부부는 하갈을 통해 이스마엘을 얻습니다. 이때 그의 나이가 86세였습니다. 이때부터 13년 동안 하나님이 아브라함을 찾지 않으셨습니다. 10년 동안 성경 여섯 장에 걸쳐 그와 함께하셨던 하나님이 갑자기 13년 동안 침묵하신 겁니다. 하나님은 왜 침묵하셨을까요? 13년 동안 무엇을 기다리신 걸까요?

하나님은 아브라함이 자기 힘으로 할 수 있다는 생각을 포기하기를 기다리셨습니다. 하나님의 계획을 인간의 잔꾀로 이루려고 하는 아브라함이 참된 인생의 주인 앞에 무릎 꿇기를 기다리신 겁니다. 인간적인 방법으로 안 된다는 걸 가르쳐 주기 위해 하나님은 함께하셨던 시간보다 긴 13년의 세월을 기다리셨습니다.

모든 수치와 교만이 굴러가다

13년이 지난 뒤 하나님은 99세가 된 아브라함을 찾아와 말씀하십니다.

> 15 하나님이 또 아브라함에게 이르시되 네 아내 사래는 이름을 사래라 하지 말고 사라라 하라 16 내가 그에게 복을 주어 그가 네게 아들을 낳아 주게 하며 내가 그에게 복을 주어 그를 여러 민족의 어머니가 되게 하리니 민족의 여러 왕이 그에게서 나리라(창 17:15-16).

하지만 그 말씀을 들은 아브라함은 실소를 짓고 맙니다.

> 17 아브라함이 엎드려 웃으며 마음속으로 이르되 백 세 된 사람이 어찌 자식을

낳을까 사라는 구십 세니 어찌 출산하리요 하고 18 아브라함이 이에 하나님께 아뢰되 이스마엘이나 하나님 앞에 살기를 원하나이다(창 17:17-18).

'백 살이 다 된 내가 어떻게 자식을 낳는단 말인가'라는 생각이 든 거죠. 나는 할 수 없다는 겁니다.

그런데 하나님은 바로 이것을 기다리셨습니다. 인간이 아니라 하나님의 능력으로 약속을 성취할 때를 기다리신 겁니다. 13년 만에 아브라함에게 찾아오신 하나님이 스스로를 '전능한 하나님'으로 소개하신 것은 그 때문입니다.

이전까지 하나님은 '내가 누구다'라고 자기소개를 하신 적이 없습니다. 창세기 16장까지 한 번도 자기 자신을 계시하지 않으셨습니다. 그런데 13년 만에 찾아가신 아브라함에게 처음으로 "나는 전능한 하나님인 엘샤다이다"라고 말씀하신 것입니다. 인간의 능력으로 일하지 않으시는, 인간의 힘과 자원이 필요 없으신 전능한 하나님이심을 스스로 선포하셨습니다. 그때 하나님이 그분과의 완전하고 온전한 관계를 위해 아브라함에게 명하신 것이 바로 할례입니다.

아브라함은 99세의 노인입니다. 노인이 되면 병이 들었을 때 잘 낫지 않습니다. 약이 듣지 않고, 피도 잘 응고되지 않습니다. 하나님은 그런 아브라함에게 생식기의 표피를 베라고 말씀하십니다. 현대 의학시설을 갖춘 종합병원에서 전문의가 마취해서 수술하는 것이 아닙니다. 돌멩이를 깨뜨려서 만든 돌칼로 살을 잘라 내라는, 아니 찢어 내라는 겁니다. 백 살이 다 된 아브라함에게 할례는 생명을 걸고 해야 하는 일입니다. 도대체 이것은 무엇을 의미하는 걸까요?

내 방법으로 하려는 자기중심적 생각, 내 힘으로 해보겠다는 고집과 아집을 잘라 내라는 것입니다. 단 1퍼센트라도 인간의 가능성을 제거하라는 것입니다. 결국 아브라함은 하나님의 언약의 표인 할례에 참여합니다. 자신을 포기하고 순종한 아브라함에게 하나님은 할례로 인한 상처를 증거 삼아 다시 언약을 주십니다.

> [9] 하나님이 또 아브라함에게 이르시되 그런즉 너는 내 언약을 지키고 네 후손도 대대로 지키라 [10] 너희 중 남자는 다 할례를 받으라 이것이 나와 너희와 너희 후손 사이에 지킬 내 언약이니라 [11] 너희는 포피를 베어라 이것이 나와 너희 사이의 언약의 표징이니라(창 17:9-11).

출애굽 한 이스라엘 백성 1세대와 광야에서 태어나고 성장한 2세대의 차이점은 무엇일까요? 약속의 땅을 정복하고 점령하기 위해 2세대가 선택한 핵심 원칙은 무엇이었을까요? 그것은 바로 주님의 말씀에 순종하는 것이었습니다.

절대 그렇게 하면 안 될 것 같은 상황에서 이스라엘 백성은 할례를 행합니다. 할례 후 그들이 각자의 숙소에 누워 있을 때 하나님이 이렇게 말씀하십니다.

8 또 그 모든 백성에게 할례 행하기를 마치매 백성이 진중 각 처소에 머물며 낫기를 기다릴 때에 9 여호와께서 여호수아에게 이르시되 내가 오늘 애굽의 수치를 너희에게서 떠나가게 하였다 하셨으므로 그곳 이름을 오늘까지 길갈이라 하느니라(수 5:8-9).

여기서 '갈'이라는 말은 돌멩이가 굴러갈 때 쓰는 의태어입니다. 우리는 돌멩이가 '데굴데굴 굴러간다'고 하지만 이스라엘 사람들은 '갈갈갈 굴러간다'고 표현합니다. 하나님은 이스라엘 백성이 할례를 행한 곳에 '굴러갔다'는 뜻의 길갈이라는 지명을 붙이십니다. 여기서 무엇이 굴러갔다는 것일까요? 이스라엘 백성이 갖고 있는 수치가 굴러갔습니다. 출애굽 이후 저지른 불순종에 대한 수치, 늘 불평하고 원망하면서 육신대로 살려고 하는 수치, 애굽에서 4백 년이 넘도록 종살이하면서 생긴 수치, 몸은 애굽에서 나왔지만 영적으로는 아직도 애굽에서 벗어나지 못한 수치가 할례와 함께 사라진 것입니다.

이해할 수 없어도, 그분이 주인이시기에

　신앙생활을 하다 보면 하나님이 이해할 수 없는 말씀을 하실 때가 있습니다. 이해할 수 없는 상황과 환경 가운데 머물러야 할 때가 있습니다. 선한 일을 하다가 오히려 낭패를 보고 낙심할 때도 많습니다. 그럴 때 우리는 '도대체 왜?'라며 항변을 하게 됩니다. 물론 제게도 해당하는 이야기입니다. 하지만 그럼에도 우리가 기억해야 할 것이 있습니다. 하나님이 전능한 분이시라는 진리입니다. 하나님은 능치 못 하는 일이 없으신 분입니다. 그런 분이 우리에게 꼼짝 말고 거기 누워 있으라고 말씀하실 때는 뜻이 있고 계획이 있으신 것입니다.

　하나님은 우리의 수치가 굴러가기 원하십니다. 자신의 능력과 자원에 대한 신뢰감, 그것으로 뭔가 해보겠다고 하는 고집이 굴러가기 원하십니다. 하나님 대신 인생의 주인이 되어 보겠다는 교만이 굴러가기 원하십니다. 그래서 하나님은 우리에게 할례의 시간과 장소를 허락하십니다. 그 시간은 그냥 누워 있는 시간이 아닙니다. 잠깐만 참고 견디면 지나갈 의미 없는 시간도 아닙니다. 바로 그곳에서 우리의 수치가 굴러갈 것입니다. 그 시간에 우리의 부끄러운 모습과 불순종의 행위가 굴러갈 것입니다. 그 일을 통해 하나님이 아닌 자신의 힘과 자원을 의지하며 달려가던 우리의 발걸음이 멈출 것입니다.

그러므로 지금 길갈에 머물러 있다면, 앞으로 길갈을 만나게 된다면 잠잠히 하나님을 기다리시기 바랍니다. 그렇게 하기 어려운 상황이라 할지라도 잠잠히 할례를 행하고 기다리십시오. 주님을 신뢰하고 그분의 명령에 순종하십시오. 우리 안에 남아 있는 할례받지 못한, 버리지 못한, 굴러가지 않은 것들을 모두 제거해 달라고 간구하십시오.

"하나님, 이 상황과 환경을 통해 할례 받기 원합니다. 불순종하고 싶어 하는 저를 수술해 주십시오. 교만한 저를 수술해 주십시오. 자기 마음대로 살려고 하는 저를 수술해 주십시오."

지금 당신은 어디로 가고 있습니까? 하나님이 부르시는 곳, 하나님이 가라고 하시는 곳으로 움직이고 있습니까? 아니면 당신 보기에 좋은 대로 자신의 필요와 상황을 따라가고 있습니까? 만약 하나님이 부르신 길이 맞다면, 십중팔구 내 생각과 다르고, 내 필요와 상관없고, 내가 원하지 않고, 내 계획에 어긋나는 곳에 다다를 확률이 높습니다. 매 순간 순종하기로 결정하지 않으면 견뎌 낼 수 없는 '할례의 자리' 말입니다.

뒤로 물러나지 않고 할례의 자리를 통과하려면, 하나님이 약속하신 땅을 허락하실 전능자이시며 우리 인생의 주인 되신다는 진리 위에 견고히 서 있어야 합니다. 하나님이 13년 만에 찾아간 아브라함에게 자신이 전능한 하나님이라고 말씀하시고, 강한 능력으로 요단 강을 갈라 여호수아와 이스라엘 백성이 걸어서 건너게 하신 것은 모두 그 때문입니다(창 17:1; 수 4:23-24). 이해할 수 없고 불이익과 실패가 예상되는 상황을 넘어 끝까지 하나님을 따라가도록, 그들의 심령 가운데 하나님이 어떤 분인지에 대한 진리의 터를 놓으신 것입니다.

그러므로 하나님이 당신의 주인이심을 고백한다면, 지금 어디에 있든지 멈추거나 돌아서거나 도망치지 말고 끝까지 나아가십시오. 그곳이 가정이든, 직장이든, 학교든, 사역이든 하나님이 당신의 주인이라면 이해할 수 없어도 거기 머무십시오. 주님이 새로운 길을 열어 인도하실 때까지 말입니다.

chapter 6

마 음 과
인 생 의
주인 자리를
놓 고 늘
치 열 한
전 투 가
벌 어 진 다

"칼을 준비하라고?"

예수님은 모든 사람을 사랑하며 원수까지도 용서하라고 말씀하셨습니다. 누가 오른뺨을 치면 왼뺨을 돌려대라고 하시고, 오 리를 가자고 하는 사람이 있으면 십 리까지 동행해 주라고 가르치셨습니다. 이토록 자비롭고 은혜로운 말씀만 하시던 예수님이 상상조차 할 수 없는 말씀을 하신 때가 있습니다. 십자가에 달리기 전날 밤, 제자들과 겟세마네를 오르실 때였습니다. 주님이 갑자기 이렇게 말씀하셨습니다.

36 …검 없는 자는 겉옷을 팔아 살지어다(눅 22:36).

예수님은 훈련을 위해 열두 제자는 물론 별도로 세운 칠십 명의 제자들을 짝을 지어 전도여행을 보내셨는데 여벌의 옷이나 신발, 여비 없이 보내셨습니다. 하지만 전도여행을 마치고 돌아온 제자들은 부족함 없이 하나님이 풍성하게 공급해 주셨던 것에 대해 침을 튀겨 가며 신나게 자랑했었습니다. 그런데 비장한 표정으로 겟세마네를 오르시던 예수님이 갑자기 전도여행 때 있었던 일들을 물으셨습니다.

> 35 그들에게 이르시되 내가 너희를 전대와 배낭과 신발도 없이 보내었을 때에 부족한 것이 있더냐 이르되 없었나이다(눅 22:35).

빈손으로 떠났지만 제자들은 하나님의 은혜로 부족한 것 없었다고 대답합니다. 이에 예수님은 "이제는 전대 있는 자는 가질 것이요 배낭도 그리하고 검 없는 자는 겉옷을 팔아 살지어다"(눅 22:36)라고 말씀하십니다.

예수님 당시 이스라엘 지역에서 생활하던 사람들에게 겉옷은 없어서는 안 되는 필수품이었습니다. 그들의 겉옷은 재단되어 있지 않고 옷감 자체로 되어 있습니다. 코트보다는 망토에 가깝습니다. 평소 더운 한낮에는 벗어서 메고 다니다가, 예의를 갖춰야 할 자리에서 옷으로 입었습니다. 또 바닥에 누울 때나 기온이 뚝 떨어지는 밤에 몸을 덮는 이불처럼 사용했습니다. 그래서 겉옷은 빈

부를 막론하고 유대인이라면 누구나 하나씩 갖고 있는 '국민 의복'이었습니다. 출애굽기 22장을 보면, 겉옷을 담보로 돈을 빌려 간 사람이 아직 돈을 갚지 못했더라도 저당 잡은 사람은 반드시 해 지기 전에 겉옷을 주인에게 돌려주어야 한다고 나와 있습니다. 그런데 예수님은 이렇게 중요한 겉옷을 팔아서라도 칼을 준비하라고 말씀하십니다. 대체 무슨 말씀을 하고 계신 걸까요?

제자들도 예수님의 말씀을 이해하지 못했습니다. 왜 갑자기 칼을 준비하라는 건지, 심지어 겉옷을 팔아서라도 준비하라는 건지 전혀 알 수 없었습니다. 그렇지만 예수님이 계속 그렇게 말씀하시자, 자신들이 가지고 있었던 칼을 꺼내 보여 드렸습니다.

> 38 그들이 여짜오되 주여 보소서 여기 검 둘이 있나이다 대답하시되 족하다 하시니라(눅 22:38).

예수님의 제자들은 항상 두 개 이상의 칼을 갖고 다녔던 것 같습니다. 그런데 예수님은 두 자루의 칼이 있다는 말을 들으시고 "충분하다"고 말씀하셨습니다.

다음 날 새벽, 예수님을 체포하기 위해 대제사장이 보낸 사람들이 겟세마네로 예수님을 찾아왔습니다. 그때 베드로가 칼을 빼서 예수님을 붙잡은 사람들 중 한 명의 귀를 내리쳤고, 현장은 난장

판이 되었습니다. 바닥에는 피가 낭자하고 귀가 잘린 사람은 비명을 지르며 고통스러워했을 것이고, 피 묻은 칼을 든 베드로는 잔뜩 긴장한 채 공격 자세를 유지하고 있었을 것입니다. 그런데 베드로에게 다가간 예수님은 칼을 쓰는 자는 칼로 망하게 될 것이라고 말씀하시고는 귀가 잘린 사람의 귀를 고쳐 주셨습니다.

> 52 이에 예수께서 이르시되 네 칼을 도로 칼집에 꽂으라 칼을 가지는 자는 다 칼로 망하느니라 53 너는 내가 내 아버지께 구하여 지금 열두 군단 더 되는 천사를 보내시게 할 수 없는 줄로 아느냐 54 내가 만일 그렇게 하면 이런 일이 있으리라 한 성경이 어떻게 이루어지겠느냐 하시더라(마 26:52-54).

이 본문에서 우리는 모순을 발견합니다. 전날 저녁에만 해도 필수품을 팔아서라도 칼을 준비하라고 말씀하셨던 예수님이 다음 날 새벽에는 검을 가진 자는 검으로 망한다고 말씀하시니 말입니다. 대체 이게 무슨 말씀입니까? 예수님이 우리를 망하게 하시려고 겉옷을 팔아 칼을 사라고 하시는 것입니까?

아닙니다. 이 말씀은 비유입니다. 예수님은 대개 일상적이고 평화로운 것들을 사용하여 메시지를 전하셨는데 이번에는 싸움과 전쟁의 도구인 칼을 가지고 말씀하고 계신 것입니다.

이것은 영적전쟁을 준비하라는 말씀입니다. 임박한 영적 싸움을 위해 일전의 태세를 갖추고 미리 준비하라는 것입니다. 그러나 제자들은 주님이 무슨 말씀을 하시는지 전혀 눈치채지 못했고 그들은 깨어 기도하는 대신 잠만 자고 있었습니다. 영적 싸움을 감당할 준비가 전혀 되어 있지 않았습니다.

마음속 주인의 자리에 누가 앉아 있는가

평소 당신은 자신의 물건을 어떻게 관리하십니까? 남이 내 물건을 건드리면 일단 감정부터 상합니다. 일부러 그런 것이 아니라 해도 기분이 나쁩니다. 만약 파손되기라도 하면 난리가 납니다. 손상된 물건의 가격이 높을수록 변상을 요구하는 목소리도 더 커집니다. 물론 친구나 가족이 그랬거나 별로 중요하지 않은 물건일 경우에는 그냥 넘어갈 수도 있을 겁니다. 하지만 솔직히 마음 한 구석에 불편한 느낌은 있습니다.

남이 자기 마음대로 내 물건을 가져가거나 사용하면 어떨까요? 말도 없이 내 컴퓨터를 사용하거나 옷을 입고 나가고, 내 몫의 음식을 먹어 치운다면 어떻게 하시겠습니까? 기필코 응징하지 않겠습니까? 응분의 대가를 치르게 하지 않겠어요? 대놓고 뭐라고 할 수 없는 상대라면 소심한 복수라도 할 겁니다. 대상이 무엇이든 '내 것'이라는 말은 사람의 마음에 묵직한 의미로 다가올 수밖에 없습니다.

우리는 이 책에서 계속해서 주님의 주재권에 대해 나누고 있습니다. 그것은 한마디로 예수 그리스도가 나와 내 인생과 내 소유를 포함한 모든 것의 주인이시라는 것입니다. 당신도 이 말에 동의합니까? 정말 그렇게 인정하고 믿고 고백할 수 있습니까?

그렇다면 지금 당신이 사용하고 있는 돈과 시간은 모두 예수님의 것입니다. 그런데 왜 주인에게 물어보지도 않고 당신 마음대로 돈을 쓰고 시간을 사용하고 있습니까? 예수님이 당신의 주인이시라면 당신의 인생도 그분의 것입니다. 그런데 왜 주인의 허락도 없이 장래 일을 결정하고 미래를 내 마음대로 계획하고 있습니까? 예수님이 주인이시라면 그분이 당신의 모든 것을 결정하셔야 합니다. 그런데 왜 의논은커녕 그분의 뜻을 물어보지도 않는 겁니까? 그렇다면 차라리 주인이라고 부르지 말아야 하지 않습니까?

우리는 입으로만 주여 주여 할 뿐 모든 것에 '내 것'이라는 도장을 찍어 놓고 일정 기간만 빌려 주거나 줘도 되는 것만 골라서 내어 드립니다. 주님을 밀어내고 '갑' 행세를 하고 있는 것입니다.

지금은 예수가 주인이심을 고백하며 순종하는 (초대교회에는 지극히 당연한 것이었던) 믿음이 멸종 직전에 놓인 시대입니다. 교회도 내 마음대로, 설교도 내 마음대로, 예배도 내 마음대로, 사역이나 일하는 것도 내 마음대로 하다 보니 자신을 위한 선택권은 끝없이 확장되고, 주를 위한 선택은 찾아보기 어렵습니다. 그리스도인이라고 하지만 실제로는 '나를 위한 종교 활동'을 하는 셈입니다. 이는 예수님의 주인 되심은 빼 버리고 '예수 믿으면 구원받고 천국 간다'는 것만 가르친 결과입니다. 하지만 성경은 예수 그리스도를 자신의 주인으로 고백하는 것도 구원의 조건에 포함된다는 것을 분명하게 밝힙니다.

> 9 네가 만일 네 입으로 예수를 주로 시인하며 또 하나님께서 그를 죽은 자 가운데서 살리신 것을 네 마음에 믿으면 구원을 받으리라(롬 10:9).

'예수님이 나의 주인'이라는 개념 없이 신앙생활을 하면, 주님의 마음을 이해하는 것은 고사하고 그분의 말씀을 들어도 그것이 자신에게 주시는 메시지라는 것조차 알아듣지 못합니다. 그리고 결국에는 주님께 자기 뜻을 이루도록 도와 달라고 요구하는 기막힌 짓까지 하게 됩니다. 이런 사람은 주님을 설득하기 위해, 그리고 자기 자신을 위해서만 기도합니다. 하나님 대신 자신이 주인의 자리에 앉아 있는 것입니다.

내가 인생의 주인이 되면

　세상은 자기를 위해 살아가는 것을 당연하게 생각합니다. 철저하게 자기를 위해 살아야 성공할 수 있다고 가르칩니다. '남을 위해 살아가는' 것이 희귀하고 특별해 보이는 시대가 되었습니다.

　불과 사오십 년 전만 해도 대부분이 '양보와 배려는 미덕이고, 공동체를 위해 개인이 불편과 불이익을 기꺼이 감내하는 것은 아름다운 일'이라고 생각했습니다. 힘들고 부담스러운 일이지만, 여기에 대놓고 이의를 제기하거나 반대하는 사람은 없었습니다.

　그러나 포스트모더니즘 시대에 진입하면서, 개인의 행복과 만족을 최고의 가치로 여기게 되었습니다. 종교적 진리는 개인의 취향에 맡겨지고, 도덕이나 윤리도 구닥다리 유물 취급을 당하며 상대화되었습니다. 이런 변화의 중심에 '내 인생의 주인은 나'라는 자기중심적 사고가 있습니다. 이것이 지금 세상에서 벌어지고 있는 수많은 문제의 뿌리입니다.

　내 맘대로 남을 판단하고 정죄하고 비난합니다. 내가 가진 힘과 자원으로 살아야 하기에 끊임없이 걱정하고 근심하며 불안해합니다. 내가 잘되어야 하기 때문에 끊임없이 경쟁하며 남의 성공에 배 아파합니다. 내가 원하는 것을 갖기 위해 온갖 욕심을 부립니다. 나를 제일 먼저 생각하고 내 것부터 챙깁니다. 어떻게든 손해 보려 하지 않습니다. 나를 무시하고 내게 상처 주는 사람에게 분노하고 보복합니다. 내가 즐겁고 나의 소원을 성취하는 것이 인생의 목적입니다. 내게 유리한 쪽으로 모든 것을 이끌어 가려고 하다 보니 자주 다른 사람과 갈등하게 됩니다. 내 생각과 계획대로 되지 않으면 화를 내고 짜증을 부립니다. 내 힘으로 막을 수 없기 때문에 죽음이 가장 두렵습니다. 나라와 조직, 공동체와 사회에서 벌어지는 문제들은 이런 개인적인 이슈가 확장된 것뿐입니다.

그렇게 자신을 주인 삼아 행복을 추구하던 인간은 자기 힘만으로 인생의 문제를 해결할 수 없다는 사실을 뼈저리게 깨닫습니다. 그래서 탄생한 것이 바로 종교입니다. 그러나 종교의 초월적 존재조차도 주인은 아닙니다. 여전히 인생의 주인은 우리 자신이고, 초월적 존재는 그저 우리가 행복하게 살도록 도와주는 존재일 뿐입니다. 예수님을 믿는다고 하면서 여전히 주인 자리를 내놓지 않는 육신적인 그리스도인도 여기에 해당합니다. 육신적인 그리스도인은 자기 기준으로 성경을 해석하고, 마음에 드는 것에만 순종합니다. 하나님의 말씀이 아니라 자기 주관에 순종합니다. 이런 사람은 자신이 잘 되기 위해 신을 이용할 뿐입니다. 이렇게 자기 스스로 하나님이 되려 하고, 하나님 없이 행복해지기 원하는 사람들이 교회 안팎에 무수히 많습니다. 마치 에덴동산에서 선악과를 바라보며 동일한 꿈을 꾸던 우리의 첫 번째 조상처럼 말입니다.

우리 마음은 전쟁터다

6 여자가 그 나무를 본즉 먹음직도 하고 보암직도 하고 지혜롭게 할 만큼 탐스럽기도 한 나무인지라 여자가 그 열매를 따 먹고 자기와 함께 있는 남편에게도 주매 그도 먹은지라(창 3:6).

하와가 처음부터 주인의 자리를 넘본 것은 아닙니다. 비록 하나님의 말씀을 정확하게 이해하지는 못했지만 본래 그는 하나님께 순종해야 한다는 입장에 서 있었습니다.

2 여자가 뱀에게 말하되 동산 나무의 열매를 우리가 먹을 수 있으나 **3** 동산 중앙에 있는 나무의 열매는 하나님의 말씀에 너희는 먹지도 말고 만지지도 말라 너희가 죽을까 하노라 하셨느니라(창 3:2-3).

하와는 사탄에게 미혹되어 하나님과의 약속을 깨뜨리며 죄의 문을 열었습니다. 사탄은 사람들을 미혹해서 하나님으로부터 멀어지도록 조종하는 데 탁월합니다. 그가 하나님과 사람 사이를 갈라놓기 위해 공략하는 주요 목표는 눈에 보이지 않는 사람의 내면세계입니다. 병들고 망가져 있어서 창조자이자 주인이신 하나님 대신 자신에게 집중하고 우상숭배에 빠지는 우리의 생각

(mind)과 감정(emotion)과 의지(will) 말입니다. 그래서 예레미야 선지자는 인간의 마음이 거짓말투성이이고 세상에서 가장 심각하게 썩었다고 말했습니다(렘 17:9). 예수님도 인간의 온갖 죄악이 사람의 마음에서 나온다며, 드러나는 행위에만 집중하는 종교 지도자들에게 쓴소리를 하셨습니다(마 15:18-20).

악하고 연약하기 때문에 우리의 마음은 늘 보이지 않는 영적 공격의 표적이 됩니다. 지금도 우리 마음속에는 치열한 영적 싸움이 벌어지고 있습니다.

> 3 우리가 육신으로 행하나 육신에 따라 싸우지 아니하노니 4 우리의 싸우는 무기는 육신에 속한 것이 아니요 오직 어떤 견고한 진도 무너뜨리는 하나님의 능력이라 모든 이론을 무너뜨리며 5 하나님 아는 것을 대적하여 높아진 것을 다 무너뜨리고 모든 생각을 사로잡아 그리스도에게 복종하게 하니(고후 10:3-5).

이것이 바로 영적전쟁입니다.

영적전쟁이라고 하면 예수님의 이름으로 귀신을 때려잡는 것을 생각하는 이들이 많지만, 귀신 잡는 것은 영적전쟁의 아주 작은 부분일 뿐입니다. 영적전쟁은 우리의 생각보다 훨씬 더 포괄적이며 우리 삶의 구체적인 영역 전반에 실제로 영향을 미칩니다. 가장 심각한 영적전쟁은 아무래도 자기 자신과의 싸움일 것입니다.

갈등이 일어나고, 마음이 요동하고, 하나님보다 세상의 것에 영향 받는 일이 얼마나 많은지 모릅니다. 영적전쟁은 24시간 내내 계속됩니다. 사탄이 호시탐탐 우리의 연약한 부분을 노리고 있기 때문입니다. 원수는 우리가 언제 무장을 해제하고 쉬는지 잘 알기 때문에 틈을 보이는 순간 공격합니다(벧전 4:7).

"검을 준비하라"고 하신 주님의 말씀은 영적전쟁을 대비하라는 뜻이었습니다. 그러나 제자들은 깨어 기도하기는커녕 졸음에 취해 있었습니다. 그들은 무장해제 상태였습니다. 그들은 겉옷을 팔아서라도 칼을 준비하라는 주님의 절박한 경고를 이해하지 못했고, 결국 사탄의 공격에 뿔뿔이 흩어지고 말았습니다. 이렇게 치열한 영적 싸움터에서 영적 무장을 하려면 어떻게 해야 할까요? 겉옷을 팔라는 주님의 말씀을 어떻게 해석해야겠습니까?

영적전쟁에서 승리하려면 강건해지라

에베소서 6장에서 사도 바울은 우리 안에 일어나는 영적 싸움을 대비하는 데 필요한 것을 구체적으로 가르쳐 주고 있습니다. 첫 번째는 강건해지는(be strong) 것입니다.

10 끝으로 너희가 주 안에서와 그 힘의 능력으로 강건하여지고(엡 6:10).

'군인'하면 떠오르는 이미지는 무엇입니까? 아름답고 친절하고 부드러운 이미지는 아닐 것입니다. 짧게 깎은 머리, 절도 있는 말과 행동, 그리고 전쟁터에서 용감하게 싸우는 모습이 떠오르지 않습니까? 군인은 전투를 해야 하는 사람입니다. 그래서 심신이 강건해야 합니다. 영적전쟁도 마찬가지입니다. 하나님은 가나안 입성을 앞둔 여호수아에게 마음을 굳게 먹고 강건하라고 말씀하셨습니다. 그것도 세 번이나 반복해서 말씀하셨습니다(수 1:6-9).

가나안 정복전쟁은 물리적인 싸움인 동시에 원수의 땅을 취하는 전쟁이었습니다. 그래서 여호수아에게 싸움이 눈앞에 있으니 강건하라고 말씀하신 것입니다. 그렇다면 강건한 마음을 가지려면 어떻게 해야 할까요? 열심히 운동하면 될까요? 헬스클럽에 다니고, 수영장에 다니고, 극기 훈련을 통해 '몸짱'이 되면 가능할까요?

사도 바울은 두 가지 방법을 제안합니다. 첫 번째는 '주 안에' 있는 것입니다. 우리는 주님 안에 있을 때 강건해집니다. '그리스도 안에'는 신약성경에 160번 이상 기록되어 있는 표현입니다. 에베소서의 경우 한 권의 책 안에 30번 이상 기록되어 있습니다. 대체 이 말의 의미가 무엇이기에 이렇게 여러 번 기록한 걸까요?

> 21 아버지여, 아버지께서 내 안에, 내가 아버지 안에 있는 것같이 그들도 다 하나가 되어 우리 안에 있게 하사 세상으로 아버지께서 나를 보내신 것을 믿게 하옵소서(요 17:21).

예수님은 하나님 안에 계십니다. 하나님은 예수님 안에 계십니다. 그래서 성부, 성자, 성령 하나님은 한 분이십니다. 예수님은 우리도 그 관계 안으로 들어오기 원하십니다.

예수님은 우리 안에 계십니다. 우리도 예수님 안에 있습니다. 내가 예수님 안에 있고 예수님도 내 안에 있습니다. 이것은 바로 예수님과 내가 하나 된 관계를 의미합니다.

신앙생활은 하나님과 내가 하나 되는 것입니다. 하나님에게서 멀어지거나 분리된 상태를 '영적 사망'이라고 하는 것도 같은 맥락입니다. 꺾어진 나뭇가지를 '죽었다'고 표현하는 것처럼 죽음은 분리를 의미합니다. 그러므로 '그리스도 안에'라는 말은 '그리스도와 온전히 연합된 관계'를 뜻하는 것입니다. 온전히 하나 되는 것을 의미합니다.

이것을 철저히 깨달은 사도 바울이 고백한 것이 바로 그 유명한 갈라디아서 2장 20절 말씀입니다.

> 20 내가 그리스도와 함께 십자가에 못 박혔나니 그런즉 이제는 내가 사는 것이

아니요 오직 내 안에 그리스도께서 사시는 것이라 이제 내가 육체 가운데 사는 것은 나를 사랑하사 나를 위하여 자기 자신을 버리신 하나님의 아들을 믿는 믿음 안에서 사는 것이라(갈 2:20).

"나는 예수님 안에 있고 예수님은 내 안에 계신다. 그래서 예수님과 나는 하나다."

사도 바울의 이 고백은 주님과의 친밀감을 이해하는 열쇠인 동시에 영적전쟁에서 승리할 수 있는 비결이기도 합니다. 우리는 오직 예수님과 연합할 때만 강건해질 수 있습니다.

세상에서 그리스도인으로 살아가는 것이 갈수록 힘들고 어렵게만 느껴지는 것은, 우리가 주님에게서 멀어지거나 분리되는 것과 상관없이 지내고 있기 때문입니다. 주님과 멀어져 있으면 당연히 그분과 하나 될 수 없습니다. 주 안에 있지 않은데 어떻게 하나님의 강한 용사가 될 수 있겠습니까?

주 안에 있어야, 주님과 온전히 하나가 되어야 강건해질 수 있습니다. 주님이 내 안에 계시고 내가 주님 안에 있는 이 놀라운 신비가 삶의 모든 영역에 나타나야 합니다.

강건해져서 영적전쟁에서 승리하는 두 번째 비결은 '그 힘의 능력'을 덧입는 것입니다. 내 힘이 아닌 주님의 능력으로 강건해져야 한다는 말입니다. 그 시작은 주님이 내 힘과 능력의 근원이심을 인정하고 선포하는 것입니다.

사탄은 자주 이렇게 공격합니다.

"야, 묵상도 안 하는 너 따위가 뭘 할 수 있겠어?"

"너처럼 기도 안 하는 엉터리 그리스도인은 그냥 조용히 있는 게 하나님 도와드리는 거야!"

문제는 의외로 많은 사람이 이러한 사탄의 거짓 메시지에 맞장구를 친다는 사실입니다.

"그래. 맞아! 나 오늘도 묵상 안 했어. 나는 정말 문제야."

"하긴 그래. 통성기도도 제대로 할 줄 모르는 내가 무슨 기도를 하겠어?"

그러나 하나님의 역사는 오랫동안 묵상을 하고 기도를 열심히 한다고 나타나는 것이 아닙니다. 하나님은 우리의 힘과 능력이 아니라 그분의 힘과 능력으로 일하십니다. '나는 묵상도 안 하는데. 나는 기도도 못 하는데. 나는 믿음이 연약한데'라는 생각이 당신의 발목을 잡을 때마다 이렇게 선포하시기 바랍니다.

"그래. 나는 약하다! 나는 묵상도 못 한다! 나는 기도도 못 한다! 그러나 내 힘이 아니라 내 안에 계신 예수 그리스도의 능력으로 할 수 있다!"

사탄이 두려워하는 것이 바로 이것입니다. 사탄은 자기 힘이 아니라 하나님의 능력으로 나아가는 사람을 두려워합니다. 자기 힘이 아니라 하나님의 능력으로 싸우는 사람을 당해 내지 못합니다. 하나님의 능력을 힘입을 때 우리는 영적으로 강건해집니다. 그래서 성경은 하나님의 능력으로 무장하라고 우리에게 권면합니다.

그렇다면 어떻게 해야 하나님의 능력으로 무장할 수 있을까요? 성령을 의지해야 합니다. 성령의 도우심을 구해야 합니다.

> 6 그가 내게 대답하여 이르되 여호와께서 스룹바벨에게 하신 말씀이 이러하니라 만군의 여호와께서 말씀하시되 이는 힘으로 되지 아니하며 능력으로 되지 아니하고 오직 나의 영으로 되느니라(슥 4:6).

하나님의 영이신 성령의 능력만이 우리를 강건하게 하실 수 있습니다. 주의 성령이 우리를 사탄의 공격에 능히 맞설 수 있는 강력한 군대로 세우실 것입니다.

영적전쟁에서 승리하려면 전신갑주를 입으라

영적전쟁에 대비하기 위해 두 번째로 필요한 것은 하나님의 전신갑주를 입는 것입니다.

> ¹¹ 마귀의 간계를 능히 대적하기 위하여 하나님의 전신 갑주를 입으라(엡 6:11).

'간계'라는 말의 뜻은 '간사한 속임수'입니다. 즉, 사탄이 전략을 사용한다는 말입니다. 사탄은 바보가 아닙니다. 사탄은 우리의 약점을 정확하게 알고 있습니다. 그래서 무턱대고 달려들지 않고, 작전을 짜고 계획을 세워서 치밀하고 은밀하게 공격해 옵니다.

사도 바울은 사탄의 간계에 맞서기 위해 하나님의 전신갑주를 입으라고 권면합니다. 하나님의 전신갑주를 입는 것 말고는 그것을 이겨 낼 방법이 없기 때문입니다.

'전신갑주'란 완전군장, 즉 온몸을 감싸서 보호하는 장비를 말합니다.

> ¹⁴ 그런즉 서서 진리로 너희 허리띠를 띠고 의의 호심경을 붙이고 ¹⁵ 평안의 복음이 준비한 것으로 신을 신고 ¹⁶ 모든 것 위에 믿음의 방패를 가지고 이로써 능히 악한 자의 모든 불화살을 소멸하고 ¹⁷ 구원의 투구와 성령의 검 곧 하나님의 말씀을 가지라(엡 6:14-17).

아무리 가슴을 잘 보호해도 머리가 상하면 패할 수밖에 없습니다. 아무리 머리와 몸을 잘 보호해도 발이 상처 입으면 제대로 싸울 수 없습니다. 그래서 온몸을 보호하는 전신갑주가 필요합니다.

우리에겐 끝까지
싸워야 할 이유가 있다

우리는 치열한 영적 전쟁터의 한가운데서 살아가고 있습니다. 이것은 우리 마음과 삶의 주인 자리를 놓고 벌어지는 치열한 영적 싸움입니다. 이 싸움에서 결코 밀려서는 안 되기에 예수님은 없어서는 안 될 겉옷이라도 팔아 칼을 준비하라고, 싸울 준비를 하라고 말씀하셨습니다.

예수님이 앉으셔야 할 주인의 자리를 내가 틀어쥐고 앉아 하나님 아닌 다른 것을 추구하며 살고 싶지 않다면 주님 안에서 그분의 능력으로 강건해지십시오. 그리고 전신갑주를 취해 입으십시오. 늘 무장을 갖추고 언제든지 싸움에 뛰어들도록 준비하십시오. 승리할 수 있습니다.

겟세마네에서 제자들이 검을 준비하라는 주님의 말씀을 이해했다면, 예수님이 붙들리셨을 때 그냥 뿔뿔이 흩어지지는 않았을 것입니다. 베드로도 세 번이나 주님을 모른다고 부인하지 않았을 것이고, 다른 제자들도 예전처럼 고기나 잡겠다고 디베랴 바닷가로 돌아가지 않았을 것입니다. 내 삶의 주인이 누구인지, 눈앞의 상황이 아니라 누구의 말을 듣고 따라야 하는지, 목에 칼이 들어와도 끝까지 따라가야 할 대상이 누구인지 분명하게 알 수 있었을 것입니다.

당신은 어떻습니까? 당신은 마음속 주인의 자리를 놓고 수시로 벌어지는 영적전쟁을 어떻게 대비하고 있습니까? 영적 싸움에 뛰어들 준비를 하고 있습니까? 주님은 겉옷을 팔아서라도 영적인 싸움을 준비하라고 말씀하셨습니다.

주님과 서먹해지고 그분과의 친밀함을 잃어버렸다면, 다시 한 번 주 안에서 강건하게 해 달라고 기도하십시오. 내 힘과 자원으로 살아 보려다 실패하고 주저앉아 있다면, 다시 한 번 주님의 권능으로 무장시켜 달라고 기도하십시오. 내 마음 가운데 벌어지는 영적전쟁을 의식하지 못하고 무방비 상태로 살고 있었다면, 하나님의 전신갑주를 취하게 해 달라고 기도하십시오.

예수 그리스도의 주재권은 그리스도인이 온전한 하나님 나라의 백성으로 살아가는 기초입니다. 주님은 우리의 주인이 되실 자격과 능력을 갖춘 유일한 분입니다. 우리의 마음이 날마다 치열한 전쟁터가 된다 하더라도 뒤로 물러서지 않고 끝까지 승리해야 할 이유는 그것 하나만으로 충분합니다. 예수 그리스도가 우리의 주인이시기 때문입니다.

chapter 7

주님께 순복하게 하시는 성령의 역사를 기대하라

예수님을 믿으면 정말 사람이 바뀝니까?

흔히 예수 그리스도를 믿으면 사람이 변화된다고 생각합니다. 그래서 자신도 변화되기를 꿈꾸며 열심히 신앙생활을 합니다. 예수 그리스도를 믿으면 하나님 안에서 우리 삶이 변화되어 새로운 인생을 살 수 있다고 전도합니다.

예수 그리스도를 믿으면 정말 사람이 바뀔까요? 자신 있게 그렇다고 대답하고 싶지만, 사실 우리의 현실은 답답하기만 합니다. 열심히 신앙생활하고 이름 있는 훈련까지 받았다면서 여전히 그대로인 사람들, 예배를 드릴 때는 천사 같지만 막상 함께 생활해 보면 모습이 정반대인 사람들을 볼 때면 '저 사람은 정말로 바뀐 게 맞는 걸까? 정말 사람이 변화될 수 있는 걸까?'라는 의문이 듭니다.

저 역시 그렇습니다. 예배 때는 확 달라진 것 같다가도, 집에 들어가는 순간 아직도 제 모습 그대로라는 걸 확인합니다. 사람이 정말 바뀔 수 있을까요? 아니면 그냥 바뀐 척하는 걸까요?

사복음서를 살펴보면, 수많은 사람이 예수님을 따랐다는 것을 알 수 있습니다. 오병이어의 기적을 베푸셨을 때 폭발적으로 환호하며 예수님을 왕으로 삼으려고 한 이들도 있었고(요 6:15), 예수님이 새끼 나귀를 타고 예루살렘 성에 들어오셨을 때 호산나를 외치며 환호한 이들도 있었습니다(마 21:9). 그리고 예수님은 열두 제자 외에도 칠십 명의 제자를 세우셨고, 특히 열두 제자에게는 집중적인 도제 훈련을 하셨습니다(눅 10:1). 그들에게 직접 본을 보여 주시고, 가르친 모든 말씀을 해석해 주면서 하나님 나라와 복음에 관해 설명하셨습니다.

하지만 이 중에서 로마에 붙잡혀 십자가에 달려 돌아가시는 예수님을 끝까지 따라간 이는 많지 않았습니다. 이것만 놓고 보면 예수님의 제자 훈련도 실패한 것 같아 마음 한편에서 이런 질문이 생깁니다.

'예수님께 가르침 받은 제자들도 그랬는데, 과연 나도 바뀔 수 있을까? 정말 변화될 수 있을까? 나는 정말 새로워질 수 있을까?'

BC 597년 바벨론의 느부갓네살 왕이 남유다를 침공합니다. 그리하여 많은 사람이 포로로 붙잡혀 갔습니다. 그때 끌려간 이들 중에 에스겔이라는 젊은이가 있었습니다. 그는 제사장 가문에 태어나 장차 제사장이 될 사람이었습니다. 예루살렘 성전에서 하나님을 섬기며 제사장의 사역을 감당해야 할 사람이 졸지에 머나먼 이국땅에 포로로 끌려간 것입니다. 꿈을 빼앗긴 에스겔은 바벨론 강가에서 수금을 걸어 놓고 하염없이 원망과 탄식으로 살아가야 할 처지가 되었습니다.

하나님은 그런 에스겔에게 새로운 비전과 부르심을 주십니다. 에스겔은 알지 못했지만, 그때는 예루살렘 성의 멸망이 불과 5년 밖에 남지 않은 시점이었습니다. 당시 많은 거짓 제사장이 일어나 "하나님이 우리에게 복을 주시고 다시 고국으로 돌아가게 하실 것이다. 하나님을 믿는 백성은 절대 멸망하지 않는다"라는 엉터리 예언을 남발하고 있었습니다. 하지만 이스라엘과 중동 지역의 정세는 점점 더 험악해질 뿐이었습니다. 바로 그때 에스겔에게 하나님의 말씀이 임하기 시작했습니다.

> 1 서른째 해 넷째 달 초닷새에 내가 그발 강가 사로잡힌 자 중에 있을 때에 하늘이 열리며 하나님의 모습이 내게 보이니(겔 1:1).

그발 강은 나일 강이나 바벨론 강과 달리, 도시에 물을 공급하려는 목적으로 수로를 파서 인공적으로 만든 운하였습니다. 에스겔은 다른 유대인 포로들과 함께 그 옆에 머물러 있었습니다. 그곳에 앉아 그들은 어떤 이야기를 나누었을까요? 당연히 고향 이야기였을 겁니다. 하나님을 섬길 때 이야기도 하고, 장래를 걱정하고 염려하는 마음도 나누었을 겁니다. 하나님은 그런 시간과 장소에서 에스겔을 부르셨습니다.

우리는 하나님께 크게 쓰임 받으려면, 학벌이 좋고 공부도 잘해야 하고 많이 배워야 한다고 생각합니다. 물론 학벌이 좋고 교육을 잘 받으면 좋겠지만, 성경에서 하나님은 이른바 엘리트를 불러 세운 적이 거의 없으셨습니다. 하나님은 그분께 필요한 사람을 그분의 방법으로 직접 훈련하셨습니다. 그것이 바로 '광야'입니다. 본문의 주인공 에스겔도 절망과 낙담으로 가득 찬 광야와도 같은 그발 강가에서 하나님을 만났습니다.

하늘이 열리고

하늘을 여신 하나님이 그발 강가에 있는 에스겔을 찾아오셨습니다. 하늘이 열리는 것은 흔히 일어나는 현상이 아닙니다. 환상으로 본 것이라고 해도 일생일대의 중요한 사건입니다. 하늘이 열렸다는 것은 하나님을 만났다는 것이고, 하나님을 만났다는 것은 하나님과의 인격적인 교제가 이루어졌다는 의미입니다.

이처럼 성경에는 하늘이 열려 하나님을 만난 사람들의 이야기가 자주 등장합니다. 예수님이 세례 요한에게 세례를 받으실 때도 하늘이 열렸습니다(마 3:16). 성령이 비둘기같이 임하시며 하나님의 음성이 들려왔습니다.

> 17 하늘로부터 소리가 있어 말씀하시되 이는 내 사랑하는 아들이요 내 기뻐하는 자라 하시니라(마 3:17).

공생애를 시작하는 중요한 순간에 예수님은 하늘이 열려 성부 하나님과 성령 하나님이 임재하시는 것을 경험하셨습니다.

바울이 이방인의 사도로 부르심 받았을 때도 비슷한 현상이 일어났습니다(행 9:3). 그가 교회를 핍박하고 예수 믿는 자들을 잡아 가두기 위해 다메섹으로 갈 때 하늘이 열리고 예수 그리스도가 찾아오셨습니다. 야곱이 벧엘에서 하나님을 만났을 때도(창 28:12), 스데반이 순교하는 순간에도(행 7:56), 그리고 이사야 선지자가 보좌에 앉으신 하나님을 만날 때도 마찬가지였습니다(사 6:1). 이와 같이 하나님께 쓰임 받은 사람들은 모두 하늘이 열리고 하나님을 만나는 경험을 했습니다.

기독교는 가슴 뜨거운 만남의 신앙이며, 체험의 신앙을 추구합니다. 뒤집어 말하자면, 주님과의 인격적인 만남이 없는, 즉 하나님과의 인격적인 만남이 전제되지 않은 신앙은 죽은 신앙이라고 할 수 있습니다.

그런데 신앙연륜이 오래된 성도들 중에도 '하나님을 만난다'는 개념이 아예 없는 이들을 자주 보게 됩니다. 이런 사람들은 주님과의 인격적인 관계보다 '얼마나 오랫동안, 얼마나 열심히 신앙생활을 했는지'에 관심이 있습니다. 이렇게 멍하게 예수 믿는 사람들은 하나님을 부인하는 것은 두렵고 꺼림칙해 하면서도 하나님께 확 뛰어드는 것은 또 부담스러워합니다. 그러니 신앙생활을 아무리 오래 해도 하나님과의 인격적인 만남이 없습니다. 삶이 변화되고 어두운 세상을 밝히기 원한다면, 하나님을 만나는 것 외에는 다른 방법이 없습니다.

하지만 주님을 인격적으로 체험하고 만나는 것은 그분이 먼저 우리를 찾아오셔야 가능한 일입니다. 에스겔에게도 하나님이 먼저 하늘을 열고 찾아오셨습니다. 간절히 기도한다거나 열심히 헌신 봉사해서 된 것이 아닙니다. 우리가 할 수 있는 것은 하나님이 하늘을 열고 임재하시기를 간절히 바라고 소망하며 기대하는 것뿐입니다. 그럴 때 비로소 하나님의 영광 앞에서 삶이 바뀌고 인생의 계획이 바뀌고 관점이 바뀔 것입니다.

에스겔에게도 그런 변화가 일어났습니다. 하나님을 만나기 전에 에스겔은 낙담해 있었을 것입니다. 제사장이 되어 성전에 들어가 하나님을 섬기려던 꿈이 수포로 돌아간 자신의 처지에 한탄했을 것입니다. 그가 할 수 있는 일이라고는 그저 다른 포로들처럼 그발 강가에 나와 "내가 왜 여기 있어야 하는 거지? 언제까지 여기서 이러고 있어야 하는 거지? 앞으로 무엇을 해야 하는 거지?" 하고 염려하고 근심하는 것뿐이었습니다. 바로 그곳에 하나님이 찾아와 다음과 같이 말씀하셨습니다.

"성전에서만 나를 섬길 수 있는 것이 아니다. 이곳 바벨론에서 말씀을 전하고 진리를 전하면서 다른 유대인 포로들에게 소망을 주고 바른길로 인도해 주면 어떻겠니?"

우리는 언제 어디서나 하나님의 얼굴을 구하도록 힘써야 합니다. 우리 삶 가운데 하늘이 열리도록 기도해야 합니다. 하지만 우리는 대개 주님의 얼굴을 구하는 것보다 눈앞의 일과 만남에 쉽사리 마음을 빼앗깁니다. 말씀을 묵상하려고 앉으면 급히 전화해야 할 일이 떠오르고, 연락해야 할 사람의 얼굴이 생각납니다. 그 일이 계속되다 보면 하나님과의 관계가 서먹하고 소원해집니다. 더는 하늘이 열리지 않고 하나님의 모습도 보이지 않습니다. 결국에는 하늘이 닫혔다는 사실조차 잊어버리고, 그저 하던 일들만 열심히 반복할 것입니다.

하나님과의 인격적인 교제가 끊어진 것을 무덤덤해하거나 당연하게 여기고, 하늘은 닫혀 있는 것이 정상이며 하나님의 음성은 어쩌다 특별한 경우에 한두 번 들을 수 있다고 생각하게 됩니다. 이러한 사람은 열방은커녕 아무것도 변화시킬 수 없습니다.

낙심 가운데 있었지만, 다행히 에스겔은 하나님의 얼굴을 바라보기 시작합니다. 이스라엘 백성이 포로로 잡혀가도록 내버려 둘 수밖에 없었던 하나님의 아픈 마음을 헤아리게 되었습니다. 그렇게 에스겔은 하나님을 알아 가며 그분의 비전을 품게 되었습니다.

여호와의 말씀이 임하고

하늘이 열리자 하나님이 에스겔에게 말씀하기 시작하십니다. 하나님의 계시가 임한 것입니다.

> **3a** 갈대아 땅 그발 강가에서 여호와의 말씀이 부시의 아들 제사장 나 에스겔에게 특별히 임하고…(겔 1:3).

신앙생활에서 중요한 것은 하나님의 말씀입니다. 하지만 우리는 하나님의 말씀에 대해 아무런 준비 없이 살아갑니다.

모든 것이 말씀의 기초 위에 서 있고 하나님의 말씀이 우리 가운데 있다고 이야기합니다. 하나님의 말씀을 먹고 누리며 그 말씀의 능력으로 세상을 변화시키며 살겠다고 선포합니다. 그런데 왜 말씀 앞에만 서면 주눅이 드는 걸까요?

하나님이 각 사람에게 개인적으로 주시는 말씀이 아니라 인간 설교자가 전하는 메시지에 만족하며 살기 때문입니다. 물론 설교도 성경을 기반으로 하지만, 설교를 통해서만 성경을 접하는 사람은 개인에게 주시는 말씀을 듣기는 어렵습니다.

에스겔에게 말씀이 주어졌습니다. 하나님의 말씀이 그에게 개인적으로 특별하게 임한 것입니다.

신약성경에서 '말씀'으로 번역되는 헬라어 단어 두 개가 있는데 '로고스'(λόγος)와 '레마'(ρήμα)입니다. 로고스는 일반적이고 보편적으로 적용하는 객관적 말씀을 의미하고, 레마는 개인에게 특별히 주시는 주관적인 말씀을 의미합니다. 물론 이렇게 두 가지로 명확하게 구분할 수 없다고 주장하는 신학자도 있습니다만, 중요한 것은 우리 삶 가운데 하나님이 개인적으로 들려주시는 레마의 말씀이 있는가 하는 것입니다.

안타깝게도 한국교회에는 레마의 말씀을 듣지 못하는 성도가 많습니다. 늘 듣는 설교, 감동 없는 큐티, 지루하고 따분한 성경공부에 질려서 아무런 기대도 없이 하나님의 말씀 앞에 서는 사람들이 너무 많습니다. 더 심각한 것은 자신이 그런 상태에 있는데도 조금도 안타까워하지 않는다는 사실입니다.

레마의 말씀을 듣지 못하지만 전혀 염려하거나 근심하거나 걱정하지 않고, 그게 정상인 것처럼 살아갑니다. 설교자도 마찬가지입니다. 자기 안에 레마의 말씀이 없는데도 아무렇지 않게 설교하고 성경을 가르치고 강의합니다. 그러다 보면 사람들로부터 이런 피드백을 받게 됩니다.

"목사님 설교는 늘 똑같아요."

"세월이 흘러도 변함이 없으시네요."

"그 말씀이 그 말씀이고, 그 간증이 그 간증이네요. 이제는 시작 부분만 들어도 다음에 어떤 내용이 나올지 알 수 있어요."

레마의 말씀이 끊어진 상태에서 무엇으로 사람들에게 영향력을 줄 수 있을까요? 사람들은 더 좋은 강사를 모셔오거나 여태까지 들어보지 못한 새로운 강의를 찾습니다. 하지만 그렇게 한다고 레마의 단절로 인한 말씀의 빈자리를 채울 수 있을까요? 지적인 욕구는 잠깐 충족되겠지만, 그마저도 오래가지 않을 겁니다.

에스겔이 살던 당시에도 그런 선지자가 많았습니다. 바벨론에 끌려온 포로 중에는 에스겔 말고도 여러 장로와 종교 지도자가 있었습니다. 그런데 그들은 늘 에스겔을 찾아와 "대체 왜 조상의 죄 때문에 우리까지 고통을 당해야 하는 겁니까?" 하며 불만을 토로했습니다. 그들은 자신들이 포로로 끌려온 것이 자기 조상들의 죄 때문이라고 생각하고 있었습니다.

그러나 하나님의 말씀이 임한 에스겔은 그들과 달랐습니다. 에스겔이 전하는 메시지에는 듣는 이의 심령을 뒤흔드는 힘이 있었습니다. 예전에 깨닫지 못한, 예전에 생각하지 못한, 예전에 알지 못했던 레마가 그에게 있었기 때문입니다. 그래서 힘겨운 포로 생활 속에서도 백성에게 소망을 주고, 그들이 나아가야 할 길이 무엇인지 올바르게 지도할 수 있었습니다.

당신의 삶에도 레마의 말씀이 있습니까? 혹시 늘 알고 있던 말씀, 내가 잘 되게 해주고 복 주겠다는 내용의 말씀, 따분하고 지루한 설교들 때문에 하나님이 사랑하는 자에게 주신다는 잠에 취해 있는 것은 아닙니까?

삶 가운데 개인적인 말씀의 계시가 없는 그리스도인은 생명 없는 종교생활을 반복할 뿐입니다.

하나님 앞에 나아가야 합니다. 우리는 하나님의 말씀 앞으로 달려가야 합니다. 주님의 말씀이 우리의 삶과 인생을 사로잡고, 날마다 새롭게 임하시도록 그분 앞에 나아가야 합니다.

여호와의
권능이 임하니라

하나님의 말씀과 함께 여호와의 권능이 임합니다.

> 3b …여호와의 권능이 내 위에 있으니라(겔 1:3).

이때부터 에스겔은 하나님의 권능에 붙들려 쓰임 받습니다.

어느 날은 불같은 형상에 머리채를 붙들려 환상 중에 예루살렘까지 가게 됩니다(겔 8:1-3). 그곳에서 하나님은 에스겔에게 예루살렘에 우상이 가득한 광경을 보여 주셨습니다. 그 밖에도 에스겔은 하나님의 메시지를 전하기 위해 아내가 죽었는데도 슬픔을 참아야 했습니다. 수레에 이삿짐을 싣고 성문을 통해 포로처럼 나가는 등 기이하고 괴상한 언행으로 하나님의 뜻을 대언하기도 했습니다.

솔직히 말해서 그는 전혀 닮고 싶지 않은 삶을 산 선지자입니다. 도대체 에스겔은 어떻게 그런 일을 감당할 수 있었을까요? 맨정신으로는 절대 할 수 없는 하나님의 명령에 어떻게 이토록 철저하게 순종할 수 있었을까요? 하나님의 권능, 여호와의 권능이 그 위에 있었기 때문입니다. 힘겨운 포로 생활에 눌려 있는 연약한 자였지만, 하나님의 권능이 임하자 에스겔은 그분의 말씀을 올바르게 증거하고 나타낼 수 있었습니다. 어디에서 무엇을 하든 주님께 순복하며 살아가는 것은 하나님의 권능이 임할 때만 가능한 일입니다.

하나님은 에스겔을 부르실 때 그분의 권능도 함께 허락하셨습니다. 에스겔은 하나님의 권능으로 끝까지 순종하며 주님을 섬길 수 있었습니다.

당신은 어떤 힘으로 살고 있습니까? 무슨 힘으로 살고 있습니까? 하나님의 권능, 곧 성령의 능력이 아니고는 세상 속에서 주의 뜻을 좇으며 살아갈 수 없습니다.

오늘 교회에는 방언이나 치유, 통역 같은 은사 받기를 소망하는 성도들이 많습니다. 이들은 하나님의 임재를 사모하고, 하나님의 음성 듣기를 간구합니다. 하나님이 새로운 일을 행하실 것이라는 새로운 기대감으로 가득 차 있기 때문에 모든 일에 역동적으로 살아가는 것을 볼 수 있습니다. 그러나 그런 분들 가운데는 은사를 지나치게 강조한 나머지 그것으로 사람을 판단하는 경우도 있습니다. 그래서 어떤 교회에서는 방언을 하는 것이 마치 참 신자와 그렇지 않은 신자를 구분하는 내부 식별표지나 상위 신분을 나타내는 계급자 역할을 하기도 합니다.

"방언도 못 하면서 무슨 그리스도인이야?"

"무슨 사역자가 방언도 못 해?"

반면 전통적인 교회들은 이런 지나친 모습에 대한 반발로 성령 체험을 거부하거나 중요하게 여기지 않습니다. 어떤 신학자들은 방언을 포함한 성령의 여러 은사가 사도 시대 이후 끊어졌다는 은사 중지론을 말하기도 합니다. 이런 분위기의 교회에서는 성령에 대해 이야기는 하지만 성령을 갈망하는 모습은 찾아보기 어렵습니다. 은사의 시대는 끝났고, 이제 성령은 믿는 자들 안에서 역사하신다고 보기 때문입니다.

그러나 성령을 받지 않고는 진정한 교회라고 말할 수 없습니다. 우리가 잘 알고 있듯 예루살렘에서 교회가 시작된 것은 하나님이 오순절 날 간절히 기도하던 초대교회 성도들에게 성령을 부어 주셨기 때문에 가능한 일이었습니다. 성령이 임하지 않았다면 교회는 결코 시작될 수 없었습니다. 사도행전에 기록된 모든 교회도 강력한 성령의 인도하심 가운데 세워졌습니다. 그러므로 그리스도인에게 성령 체험과 성령 충만은 선택이 아니라 마땅히 추구해야 하는 기본이자 필수 요소입니다.

하지만 그럼에도 우리에게 성령 체험과 성령 충만은 모호하고 이해할 수 없는 그 '무엇'입니다. 방언으로 말하는 것이 성령 받은 것일까요? 아니면 전에 경험하지 못한 놀라운 은사가 나타나는 것이 성령 체험일까요?

8 오직 성령이 너희에게 임하시면 너희가 권능을 받고 예루살렘과 온 유대와 사마리아와 땅 끝까지 이르러 내 증인이 되리라 하시니라(행 1:8).

성령 강림에 대한 예수님의 말씀은 한술 더 뜹니다. 주님은 성령이 임하실 때 권능을 받게 될 거라고 하셨습니다.

권능을 받는다는 것은 또 무엇일까요? 귀신을 내쫓는 것일까요? 병을 고치는 것일까요? 아니면 예언하고 통역하는 은사를 의미하는 걸까요?

하나님의 영에 감동된 사람

사도행전 2장에 나오는 오순절 사건의 핵심은 무엇입니까? 베드로는 하나님이 그분의 영을 모든 사람에게 부어 주셨다고 말합니다. 여기서 중요한 것은 육체와 영을 대조하여 말한다는 점입니다. 하나님이 그분의 영을 부어 주심으로 연약한 육체가 할 수 없는 일을 하게 된다는 말입니다. 그것도 특별한 능력을 지닌 지도자들만이 아니라 모든 사람이 그렇게 될 거라는 말입니다.

¹⁴ 베드로가 열한 사도와 함께 서서 소리를 높여 이르되 유대인들과 예루살렘에 사는 모든 사람들아 이 일을 너희로 알게 할 것이니 내 말에 귀를 기울이라 ¹⁵ 때가 제 삼 시니 너희 생각과 같이 이 사람들이 취한 것이 아니라 ¹⁶ 이는 곧 선지자 요엘을 통하여 말씀하신 것이니 일렀으되 ¹⁷ 하나님이 말씀하시기를 말세에 내가 내 영을 모든 육체에 부어 주리니 너희의 자녀들은 예언할 것이요 너희의 젊은이들은 환상을 보고 너희의 늙은이들은 꿈을 꾸리라 ¹⁸ 그때에 내가 내 영을 내 남종과 여종들에게 부어 주리니 그들이 예언할 것이요(행 2:14-18).

하나님이 그분의 영을 부어 주시면 연약한 육체로 할 수 없는 일들을 감당하게 됩니다. 취업난과 청년실업 등으로 좌절해 있는 젊은이들이 환상을 보고, 세상을 떠날 날을 기다리며 소망 없이 살아가는 노인들이 가슴 설레는 꿈을 꾸며, 심지어 아직 삶의 목적이나 비전을 갖지 못하고 자신의 앞가림도 하기 어려운 어린 자녀들까지 예언하게 될 거라고 합니다. 성령님이 임하시면 정말로 이런 일들이 일어나게 될까요? 하나님의 영이 임하시면 정말로 모든 남종과 여종이 예언을 하고, 그들의 연약한 육체로는 감히 경험할 수 없는 놀라운 역사가 나타나게 될까요?

하나님이 그분의 영을 모든 육체에 부어 예언하게 하실 것이라는 말이 구체적으로 무슨 뜻일가요? 여기서 우리는 하나님이 그분의 영을 우리 육체에 부어 주신다는 것에 대한 의미를 잘 이해해야 합니다. 구약성경에서 하나님의 사람을 설명하는 표현 중에 이런 것이 있습니다.

이쉬 아세르 르와흐 엘로힘(אִישׁ אֲשֶׁר רוּחַ אֱלֹהִים)

이는 '(그 안에) 하나님의 영이 있는 사람'이라는 뜻인데, 창세기 41장에서 요셉의 명쾌한 꿈 풀이를 들은 바로가 감탄하며 신하들에게 한 말에 사용되었습니다.

38 바로가 그의 신하들에게 이르되 이와 같이 **하나님의 영에 감동된 사람을** 우리가 어찌 찾을 수 있으리요 하고(창 41:38).

또한 이 표현은 모세가 여호수아에게 안수했을 때 그에게 나타난 변화를 설명할 때도 사용되었습니다.

9 모세가 눈의 아들 여호수아에게 안수하였으므로 **그에게 지혜의 영이 충만하니** 이스라엘 자손이 여호와께서 모세에게 명령하신 대로 여호수아의 말을 순종하였더라(신 34:9).

그리고 다니엘서에서 느부갓네살 왕이 다니엘에 대해 설명할 때도 사용되었습니다.

> 8 그 후에 다니엘이 내 앞에 들어왔으니 그는 내 신의 이름을 따라 벨드사살이라 이름한 자요 그의 안에는 **거룩한 신들의 영이 있는 자**라 내가 그에게 꿈을 말하여 이르되(단 4:8).

이와 같이 구약성경에서 하나님의 사람을 묘사할 때마다 '그 안에 하나님의 영이 있다'는 표현을 자주 사용했습니다. 하지만 구약시대에는 하나님 영의 임재가 몇몇 특별한 사람에게만 나타났습니다. 그러다가 신약에 들어와서 놀라운 반전이 일어나는데, 그것이 바로 사도행전 2장입니다. 과거에는 몇몇 영웅에게만 허락하신 하나님의 영을 남녀노소 모든 사람에게 부어 주신다는 것입니다. 즉, 어린 자녀부터 노인에 이르기까지 온 가족이 '이쉬 아세르 르와흐 엘로힘'이 된다는 말입니다. 구약시대처럼 남다른 삶을 살아가던 지도자와 영웅들에게만 일어나던 일이 이제는 우리같이 평범한 사람들에게 나타난다는 것입니다.

하나님의 영이 특별한 몇 사람에게만 임하는 거라면 우리는 사도행전 2장을 읽을 필요가 없습니다. 소수의 특별한 능력자들에게 일어날 일을 우리 같은 사람들이 뭐하러 관심을 두겠습니까? 하지만 요엘서의 말씀대로 하나님은 그분의 영을 모든 육체에 부어 주십니다.

초등학생은 아직 어리기 때문에 성령을 받을 수 없을까요? 하나님은 그렇게 말씀하지 않으십니다. 하나님은 자녀들이 예언할 거라고 말씀하십니다. 젊은이들에게도 환상을 주겠다고 말씀하십니다. 늙은이들도 꿈을 꾸게 될 거라고 말씀하십니다. 그러니까 "나는 나이가 너무 많아서 안 돼"라는 말은 하시면 안 됩니다. "나는 아직 어려서" "나는 여자인데"라는 말도 하면 안 됩니다.

사도행전 1장 8절에서 주님이 "오직 성령이 너희에게 임하시면"이라고 말씀하실 때, '너희'라는 말에는 남녀구분이 없습니다. 노인과 젊은이의 구분도 없습니다. 부자와 가난한 사람의 구분도 없습니다. 강자와 약자의 구분도 없습니다. 하나님은 모든 사람에게 차별 없이 부어 주겠다고 말씀하십니다. 그 일은 실제로 일어났습니다.

생각 자체를 뒤바꿔 버린 성령의 역사

그런데 왜 하나님은 초대교회 성도들에게 성령을 부으시면서 방언의 은사를 주셨을까요?

오순절 성령 강림을 통해 열두 제자는 '사도'라는 호칭으로 불리기 시작합니다. 사도는 '보내심을 받았다'는 말입니다. 성령님을 통해 온전히 변화된 그들은 주님이 가라고 하시는 곳이면 그곳이 어디든 갈 수 있게 되었습니다. 주님이 하라고 하시는 일이면 무엇이든 할 수 있게 되었습니다.

이후 박해가 일어났을 때 빌립과 초대교회 일곱 집사들은 다른 곳에 가서 복음을 전했지만, 사도들은 예루살렘을 떠나지 말라는 주님의 명령 때문에 끝까지 예루살렘 교회를 지켰습니다. 당시 사도들에게 있어서 예루살렘에 산다는 것은 순교자 영순위에 오른다는 것이나 마찬가지였지만, 단 한 사람도 예루살렘을 떠나지 않았습니다. 그렇다고 해서 그들이 전부 예루살렘에서 죽은 것은 아닙니다. 순교한 야고보를 제외한 나머지 사도들은 주님이 가라고 말씀하신 땅 끝을 찾아 인도와 로마와 전 세계로 흩어져 복음을 전하다가 생애를 마쳤습니다.

그뿐만이 아닙니다. 성령을 받은 뒤 그들을 통해 많은 기사와 표적이 나타났습니다. 하지만 이때 신유와 능력, 방언보다 더 놀라운 일이 일어났습니다.

44 믿는 사람이 다 함께 있어 모든 물건을 서로 통용하고 45 또 재산과 소유를 팔아 각 사람의 필요를 따라 나눠 주며 46 날마다 마음을 같이하여 성전에 모이기

를 힘쓰고 집에서 떡을 떼며 기쁨과 순전한 마음으로 음식을 먹고 ⁴⁷ 하나님을 찬미하며 또 온 백성에게 칭송을 받으니 주께서 구원받는 사람을 날마다 더하게 하시니라(행 2:44-47).

헬라어 성경을 보면 44절의 '통용했다'라는 말이 미완료 과거 시제로 되어 있습니다. 딱 한 번 어쩌다 나눈 것이 아니라 날마다, 필요할 때마다 늘 모든 물건을 팔아 서로 나누었다는 이야기입니다. 어떻게 이런 일이 일어날 수 있을까요? 사람들이 돈을 얼마나 중요하게 생각합니까? 그런데 자기 재산을 그냥 나눠 주었습니다. 아무도 "안 돼! 싫어! 이건 내 거야"라고 움켜쥐는 사람이 없었습니다.

돈에 대한 욕심이 갑자기 없어진 걸까요? 너무 가난한 사람이 많아서 적선하는 셈 치고 파격 기부를 한 걸까요? 그렇지 않습니다. 그냥 각 사람의 필요를 따라 맘몬의 영향력을 깨뜨리며 자기 소유를 나누기 시작한 것입니다.

모두 순전한 마음으로 음식을 먹었습니다(행 2:46). 배 터지게 먹은 것이 아니라 순전하게 각자 먹을 만큼만 먹었습니다. 전승을 보면 초대교회에는 '배부르게 먹는 죄'가 있었다고 합니다. 주변에 굶어 죽어 가는 사람들이 있는데 배부르게 먹는 것을 크나큰 죄로 여겼다는 것입니다. 하나님이 에스겔에게 말씀하신 것처럼 사람들의 생각 자체가 완전히 달라진 겁니다.

> ²⁶ 또 새 영을 너희 속에 두고 새 마음을 너희에게 주되 너희 육신에서 굳은 마음을 제거하고 부드러운 마음을 줄 것이며(겔 36:26).

본문에서 '새 마음'으로 번역된 히브리어 '레브 하다쉬'(לב חדש)는 '다른 마음'이라는 의미도 갖고 있습니다. 새 영이 임하니까 마음이 달라지고 행동까지 달라진 것입니다.

성령의 역사가 은사를 넘어, 이전까지 한 번도 존재한 적이 없는 새로운 공동체를 탄생시켰습니다. 세상과 완전히 다른 삶을 사는 사람들이 등장했습니다.

구약시대 때 소수의 특별한 사람들만 그렇게 살았는데 이제는 평범한 사람들로 이루어진 공동체가 그렇게 살고 있는 겁니다. 세상 사람들 눈에는 결코 이해할 수 없는 변화가 일어난 것입니다. 어떻게 이 일이 가능했을까요?

하나님의 영이 임하신 덕분입니다. 연약한 육체 가운데 임하신 성령이 그들로 하여금 주님께 삶을 드리게 하고, 주님이 보내시는 곳이면 어디든 담대히 나아가 복음을 전하도록 역사하신 것입니다. 성령 강림의 현장에서 터져 나온 방언을 유대인 디아스포라들이 자신이 살고 있는 나라의 언어로 알아들을 수 있었던 것은,

성령의 역사 앞에서는 언어의 장벽도 아무 문제가 되지 않는다는 것을 보여 주신 것이었습니다.

성령, 온전하고 급진적인 변화의 영

당신은 어떻습니까? 당신에게도 성령이 임했습니까? 그렇다면 성령이 임한 뒤에 당신에게는 어떤 변화가 일어났습니까? 방언을 하게 되었습니까? 그러나 방언은 중요한 것이 아닙니다. 성령의 능력을 받고 방언을 하면서도 변화되지 못한 사람이 많습니다. 그런 사람들을 보면 정말 성령이 임한 것인지 의심하게 됩니다. 성령 임재의 중요한 표징은 은사에 있는 것이 아닙니다. 그것은 오직 우리 삶의 변화에 있습니다. 성령이 임한 사람에게는 반드시 삶의 변화가 일어나게 되어 있습니다.

초대교회 성도들을 생각해 보십시오. 그들이 방언을 했다는 것은 중요한 점이 아닙니다. 중요한 것은 하나님이 그분의 영을 부어 주셔서 그들을 변화시키셨다는 점입니다. 이전에는 두려움 때문에 도망다니며 예수님을 부인했던 사람들이 성령을 받고 변화되기 시작하자 땅 끝까지 하나님의 크신 일을 증거하는 그리스도의 증인으로 변화되게 하셨다는 점입니다. 그래서 언어의 장벽을 뛰어넘어 다른 언어권의 사람들에게까지 복음을 전하도록 그분의 영을 부어 주셔서 그분의 크신 일을 듣게 하셨다는 점입니다.

이처럼 성령이 임하시면 사람이 변화됩니다. 예언을 하고 환상을 보고 꿈을 꿀 뿐만 아니라, 그가 어떤 사람이든 삶이 통째로 변화됩니다. 하나님의 영이 있는 사람, 삶의 한계를 뛰어넘는 사람, 세상과 다른 방식으로 살아가는 사람, 공동체를 이루는 사람, 하나님의 능력을 나타내는 사람, 하나님 나라가 이 땅 가운데 임하도록 섬기는 사람, 하나님의 크신 일을 땅 끝까지 전하는 사람으로 변화됩니다. 이것이 바로 오순절 성령 강림 사건의 핵심입니다.

성령이 임하면, 주저하지 않고 주님이 가라고 하시는 곳으로 달려가게 됩니다. 주님이 하라고 하신 일에 담대히 뛰어들고, 기쁘게 주님의 부르심에 순종하게 됩니다. 성령 받았다면 그럴 수밖에 없습니다. 성령 받은 사람들이 모인 공동체라면 누가 시키지 않아도 서로 사랑하고 용납하며 성령께서 하나 되게 하신 것을 힘써 지키게 됩니다.

성령 받았다면 변화될 수밖에 없습니다. 성령 받았다면 결코 이전과 똑같이 살 수 없습니다.

왜 그렇습니까? 성령님이 우리의 삶을 변화시키는 분이기 때문입니다. 우리를 새롭게 하셔서 예수 그리스도 앞에 무릎을 꿇고 그분을 주인으로 고백하게 하시는 분이기 때문입니다. 이것이 바로 성령님이 우리에게 임하시는 목적입니다.

우리가 누구인지는 전혀 문제 되지 않습니다. 남종이든 여종이든, 강한 자든 약한 자든, 건강한 사람이든 병든 사람이든, 젊은이든 늙은이든 상관없이 성령님만 임하시면 주님의 명령을 좇아 땅끝까지 나아가 증인의 삶을 살게 될 것입니다. 그것이 바로 성령 충만입니다.

이번 장을 시작하면서 던진 "사람이 정말 변화될 수 있는가?"라는 질문에 대한 답도 성령 충만입니다.

에스겔은 스물다섯의 나이에 머나먼 이방의 땅에 포로로 붙들려 왔습니다. 참으로 수치스럽고 힘든 인생이었습니다. 그런 에스겔에게 하나님의 권능, 곧 성령님이 임하셨습니다. 성령님은 패배감과 낙심과 절망에 매여 있던 그를 자유케 하고 주인 되신 하나님께 겸손히 무릎 꿇어 순종하도록 이끄셨습니다. 그래서 에스겔은 포로로 붙잡혀 간 바벨론에서도 하나님의 말씀을 온전히 드러내며 살 수 있었습니다.

주인을 만나고, 주인이 어떤 분인지 깨닫고, 주인의 부르심을 따르고, 주인의 명령에 순종하도록 돕는 것이 바로 하나님이 우리에게 성령을 주신 목적입니다.

그러므로 때마다 이렇게 부르짖어 기도하시기 바랍니다.

"성령님, 제 안에서 역사하여 주십시오. 저를 주님의 종과 증인으로 세워 주십시오. 저도 주님의 영을 품은 사람이 되고 싶습니다. 주님의 영에 사로잡힌 사람이 되고 싶습니다. 입을 열 때마다 주님을 증거하고 예언하는 사람이 되고 싶습니다. 성령 하나님 저를 온전히 다스려 주십시오."

chapter 8

주 님 이
주인 되시면
내가 변한다

예배는 사람을 변화시킨다

성경은 인간이 창조된 가장 중요한 목적이 하나님을 예배하는 것이라고 말합니다.

21 이 백성은 내가 나를 위하여 지었나니 나를 찬송하게 하려 함이니라(사 43:21).

하나님을 예배하는 것은 우리가 세상을 살아가는 가장 중요한 목적입니다. 또한 하나님은 그분을 예배할 자들을 직접 찾고 계십니다. 성령과 진리로 아버지 하나님을 예배할 사람들 말입니다.

23 아버지께 참되게 예배하는 자들은 영과 진리로 예배할 때가 오나니 곧 이때

라 아버지께서는 자기에게 이렇게 예배하는 자들을 찾으시느니라 24 하나님은 영이시니 예배하는 자가 영과 진리로 예배할지니라(요 4:23-24).

본문에서 '예배자'의 헬라어 '프로스퀴네테스'(προσκυνητής)는 '프로스퀴네오'(προσκυνεω)라는 단어에서 파생되었습니다. '마음으로부터 주인을 반기고 공경하다, 주인의 발 앞에 엎드리다'는 뜻을 가진 '프로스퀴네오'는 '존경을 나타내다, 최상의 가치를 돌리다', 그리고 '예배하다'라는 의미로 사용됩니다.

그러므로 신약성경의 예배 개념에는 하나님께 최상의 가치와 존경을 돌린다는 의미가 포함되어 있음을 알 수 있습니다. 또한 하나님이 찾으시는 예배자는 단순히 교회의 예배에 참석하는 사람이 아니라 마음으로부터 하나님을 공경하고 경배하는 자입니다. 이 말은 겸손하게 낮아져서 주님을 주인으로 인정하고 섬기지 않는 사람은 하나님이 원하시는 예배를 드릴 수 없다는 뜻이기도 합니다.

예배는 주님이 주인 되실 때만 가능한 일입니다. 그래서 예배는 사람을 변화시키며, 사람이 변화되는 가장 강력한 행위 중 하나입니다.

그렇다면 어떻게 해야 주님을 주인으로 인정하며 온전히 섬기는 예배를 드릴 수 있을까요?

나의 '몸' 받으소서

첫 번째는 우리의 몸을 주님께 드리는 것입니다.

로마서 12장을 시작하며 사도 바울은 중심을 보시는 하나님께 우리의 몸을 드리라고 말합니다(삼상 16:7).

> ¹ 그러므로 형제들아 내가 하나님의 모든 자비하심으로 너희를 권하노니 너희 몸을 하나님이 기뻐하시는 거룩한 산 제물로 드리라 이는 너희가 드릴 영적 예배니라(롬 12:1).

여기에서 사용된 "드리라"는 말은 제의적인 용어입니다. 구약시대 때 성전에서 제사장이 짐승을 잡아 하나님께 드렸듯이 우리 몸을 하나님께 제물로 바치라는 말입니다.

구약성경 레위기에는 다섯 가지의 제사가 등장합니다. 이 다섯 제사에는 공통적으로 제물이 필요했습니다. 구약시대에는 제물이 없는 예배는 존재하지 않았습니다. 사도 바울은 구약 제사의 제물을 비유로 들면서, 어떻게 해야 하나님이 기뻐하시는 예배를 드릴 수 있는지 설명하고 있습니다. 그것은 바로 살아 있는 우리의 몸을 제물처럼 하나님께 바치는 것입니다.

여기서 몸이라는 것은 우리의 육체뿐만 아니라 영까지 모두 합한 전부를 뜻합니다. 구약시대 때는 피 흘림이 없이는 사함이 없었으므로(히 9:22) 동물을 죽여 드릴 수밖에 없었지만, 신약시대를 사는 우리에게 하나님이 원하시는 것은 인간 제물이 아니기 때문에 우리 몸을 산 제물로 드려야 한다는 것입니다. 비록 우리 몸이 살아 있기는 하지만, 마치 죽어서 하나님께 바쳐진 짐승처럼 온전히 하나님께 순종해야 한다는 뜻입니다. 다시 말해, 나 자신의 고집이나 아집을 다 내어 버리고 온전히 하나님의 뜻에 순종하는 그분의 사람이 되어야 한다는 말입니다.

창세기 22장에도 몸을 제물로 드리는 이야기가 나옵니다. 바로 아브라함이 독생자 이삭을 하나님께 바치려는 장면인데, 공교롭게도 구약성경에서 '예배'(worship)라는 단어가 처음 기록된 본문이기도 합니다.

> 5 이에 아브라함이 종들에게 이르되 너희는 나귀와 함께 여기서 기다리라 내가 아이와 함께 저기 가서 예배하고 우리가 너희에게로 돌아오리라 하고(창 22:5).

구약성경에서 최초로 예배라는 단어를 사용한 행위가 아들을 제물로 바치는 것이었다는 사실은, 레위기 이전부터 몸을 드리는 것이 예배의 의미 가운데 중요한 위치를 차지하고 있었음을 보여 줍니다. 물론 성경에는 하나님이 우리의 중심을 보신다는 말씀이 기록되어 있습니다. 하나님은 물질이 아니라 마음을 받기 원하십니다. 그러나 좀 더 곰곰히 생각해 보면, 몸이 없는 중심이란 존재할 수 없습니다. 어떻게 몸이 없는 마음이 존재할 수 있겠습니까?

십자가에 달리시기 전날 밤 예수님은 겟세마네 동산에서 홀로 기도하셨습니다. 예수님이 함께 기도해 달라고 부탁하셨지만 동행했던 제자들은 모두 숙면을 취하고 있었습니다. 그때 예수님이 제자들에게 이렇게 말씀하셨습니다.

> 40 제자들에게 오사 그 자는 것을 보시고 베드로에게 말씀하시되 너희가 나와 함께 한 시간도 이렇게 깨어 있을 수 없더냐 41 시험에 들지 않게 깨어 기도하라 마음에는 원이로되 육신이 약하도다 하시고(마 26:40-41).

제자들도 주님과 함께 기도하기 원했습니다. 어렴풋하게나마 주님과 함께 죽는 자리까지 가야겠다는 마음도 있었습니다. 주님을 위해 모든 것을 내던질 각오도 했을 것입니다. 하지만 마음만 있을 뿐, 그들에게는 준비된 몸이 없었습니다. 제자 훈련을 받으라고 권하면 꼭 이렇게 대답하는 사람들이 있습니다.

"저도 훈련받고 싶어요. 정말이요. 모든 것을 내려놓고 하나님께만 집중할 수 있다면 얼마나 좋겠어요? 하지만 지금은 좀 어려워요. 다음에 꼭 받도록 하겠습니다."

마음만 있으면 뭐합니까? 10년, 20년이 지나도 몸이 움직이지 않는데 말입니다. 훈련받고 싶은 마음이야 그리스도인이라면 누구에게나 있을 것입니다. 문제는 몸을 드리지 않는 것에 있습니다. 어떤 이들은 훈련을 받으면서도 끝까지 몸을 드리지 않습니다. 훈련은 머리로만 받으면 된다고 생각합니다. 지금까지 자유롭게 살던 사람이 정해진 규칙에 따라야 하고 하고 싶은 일도 자유롭게 하지 못하면 여러 가지 힘든 일이 생기지 않겠습니까? 그래서 몸을 드리기 싫어 합니다.

예전에 캐나다에서 목회자와 선교사를 위한 훈련 과정을 섬긴 적이 있습니다. 이 훈련 하루 일과 중에 학생 전체가 참여하는 작업 시간이 있었습니다. 쉽게 말해서 육체노동을 하는 건데, 일이 힘들었는지 안식년을 맞아 훈련 받으러 온 목사님 한 분이 불평을 터뜨렸습니다.

"형제님, 제가 돈을 더 드릴 테니까 이런 일은 사람 써서 하면 안 됩니까? 저는 이런 일이나 하려고 여기까지 온 게 아닙니다."

물론 저도 그분의 마음은 충분히 이해했지만, 훈련에 대한 제 나름의 소견이 있었으므로 이렇게 대답했습니다.

"감사합니다, 목사님. 하지만 돈으로 사람을 사서 하는 건 저희도 얼마든지 가능합니다. 하지만 이 노동의 시간도 우리에게 필요한 훈련이기 때문에 하는 겁니다."

이는 훈련생들의 노동력을 착취하기 위해 하는 일이 아닙니다. 육체의 노동도 반드시 해야 하는 훈련입니다.

"나는 노동을 하러 온 게 아니라 배우러 왔다. 최고의 강사들에게 최고의 강의를 듣고 싶다"라고 주장할 거라면, 굳이 일상을 떠나 모든 것을 내려놓고 훈련받으러 올 필요가 없습니다. 인터넷에서 조금만 검색해 보면 유명 설교자들의 은혜로운 메시지, 최고 강사들의 명강의를 고화질의 동영상으로 만나 볼 수 있기 때문입니다. 굳이 비싼 돈 들여가며 먼 곳까지 훈련받으러 찾아 올 필요가 없다는 말입니다.

훈련은 하나님께 몸을 드리는 것입니다. 몸으로 드리는 예배를 연습하는 겁니다. 몸을 드리는 것은 힘이 듭니다. 이것은 선택 사항이 아니라 하나님의 명령입니다. 성경은 마음이나 생각, 감정이 아니라 몸 자체를 드리라고 콕 집어서 말하고 있습니다.

참된 변화는 몸을 드릴 때 나타난다

안티 기독교인들은 "저 사람들은 말만 잘한다. 입으로만 섬긴다"며 그리스도인을 비난하고 폄하합니다. 악의적인 면이 있기는 하지만, 그들의 비난에 주목해 볼 필요가 있습니다.

혹시 우리는 말하고 배우고 가르치는 것으로 본분을 다했다고 착각하고 있는 것은 아닐까요? 하나님은 우리에게 몸으로 예배하라고 말씀하십니다. 예배 시간에 노래와 악기를 통해서만 하는 것이 아니라 세상 속 일상에서 몸을 통해 하나님께 영광을 돌리라는 것입니다. 어쩌면 교회와 그리스도인들이 너무나 몸을 사리고 있어서 하나님이 세상을 통해 우리에게 말씀하고 계시는 건지도 모릅니다.

가끔 어떤 분들은 몸으로 섬겨야 한다고 하면 이렇게 말합니다. "제가 마음은 원이지만 육신이 약해서…." 그러나 이 말씀은 굉장히 많은 사람이 오해하고 있는 말씀 중의 하나입니다. 이는 예수님이 겟세마네에서 제자들에게 하신 말씀입니다.

> 41 시험에 들지 않게 깨어 기도하라 마음에는 원이로되 육신이 약하도다 하시고(마 26:41).

이 말은 예수님이 하신 것입니다. 만약 이 말을 예수님이 아니라 베드로가 한 것이라면 우리는 누구나 이 말을 사용할 수 있습니다. "예수님, 종일 전도하고 사역해서 그런지 너무 피곤하네요. 정말 기도하고 싶은데 몸이 말을 안 들어요." 그러나 이것은 겟세마네 동산에서 졸던 제자들에게 예수님이 하신 말씀입니다. 더구나 제자들을 책망하며 하신 말씀입니다.

주님은 이런 뜻으로 말씀하신 것입니다.

"마음만 있으면 무슨 소용이냐? 마음이 원하는 것을 할 수 있는 몸이 없는데!"

비록 마음은 있었으나, 마음이 원하는 것을 행할 육체가 준비되지 않았다는 말입니다. 주님 앞에 순복하는 예배는 말이나 마음으로 하는 것이 아닙니다. 마음만 훈련하는 것이 아닙니다. 몸을 드려서 하는 겁니다.

머리로만 공부한다고 생각하는 학생들이 있습니다. 그런 친구들은 항상 이렇게 투덜댑니다.

"저는 머리가 나빠요. 아무리 외워도 안 외워져요. 그래서 공부를 못해요."

사실 일반 학교는 천재가 아니라 모든 사람을 위한 과정입니다. 머리가 좋은 사람만 이해할 수 있는 내용은 거의 없습니다. 누구나 공부만 하면 얼마든 따라갈 수 있습니다. 그래서 공부는 머리가 아니라 엉덩이로 하는 거라고 말합니다. 책상에 얼마나 오랫동안 앉아 있느냐의 문제이지 머리가 얼마나 좋느냐의 문제가 아니라는 말입니다. 머리가 나빠서 공부를 못한다는 것은 사람의 핑계에 불과하다는 것입니다.

성경을 읽고 연구하는 것도 마찬가지입니다. 성경을 열 번 통독하면 모든 본문을 이해할 수 있을까요? 백 번 읽으면 가능할까요? 성경을 깊이 있게 이해하는 것은 머리가 좋은 사람이 아니라 말씀 앞에 오래 머물러 있는 사람들만이 할 수 있습니다. 말씀의 은혜는 주님 앞에 머물러 부지런히 성경을 읽고 묵상하고 연구하는 만큼 주어집니다.

어떤 사람은 신학교를 안 나와서 성경을 이해하기 힘들다고 말합니다. 물론 성경에 대해 덜 배우면 힘들 수 있지만, 신학교가 아니라 하나님 앞에 나아가 엎드려서 읽는 사람이 성경을 더 잘 이해할 수 있습니다. 문제는 몸으로 하려 하지 않는다는 것입니다.

선교사 중에도 청중을 모아 놓고 설교만 잘하면 복음을 잘 전할 수 있다고 생각하는 사람이 있습니다. 그러나 선교는 절대 입으로 할 수 있는 것이 아닙니다. 사람들이 화려한 연설과 감동적인 메시지에 반응하는 것 같지만, 전혀 그렇지 않습니다. 현지인들이 복음에 반응하지 않는 것은 언어의 장벽 때문이 아닙니다. 강의 스타일이 맞지 않아서도 아닙니다. 그들에게서 반응을 이끌어 낼 수 있는 것은 선교사가 몸으로 전하는 복음입니다. 사람들은 그가 어떻게 살아가는지, 그가 전한 복음을 몸으로 살아내고 있는지 보고 싶어 합니다. 그러므로 선교는 절대 말로만 할 수 없습니다. 선교는 몸으로 해야 하는 것입니다.

주님은 우리를 모두 몸으로 예배하는 자로 부르셨습니다. 그분이 주인이시기에 우리는 마음의 중심뿐 아니라 몸까지도 마땅히 드려야 합니다.

우리 몸을
거룩한 제물로 삼으려면

우리는 주님께 어떤 몸을 드려야 할까요? 사도 바울은 거룩한 몸이어야 한다고 말합니다. 주님을 주인으로 인정하며 온전히 섬기는 예배를 드리는 두 번째 조건은 거룩한 몸입니다.

> 1 그러므로 형제들아 내가 하나님의 모든 자비하심으로 너희를 권하노니 너희 몸을 하나님이 기뻐하시는 거룩한 산 제물로 드리라 이는 너희가 드릴 영적 예배니라(롬 12:1).

몸이라고 다 드릴 수 있는 것은 아닙니다. 구약시대에도 상처가 없고 장애가 없는 가축을 골라 제물로 드렸습니다. 하나님이 거룩하고 정결한, 즉 따로 구별된 제물을 받기 원하시기 때문입니다. 그래서 사도 바울은 하나님이 기뻐하실 거룩한 몸이 되는 데 필요한 세 가지를 이야기합니다.

² 너희는 이 세대를 본받지 말고 오직 마음을 새롭게 함으로 변화를 받아 하나님의 선하시고 기뻐하시고 온전하신 뜻이 무엇인지 분별하도록 하라(롬 12:2).

이 세대를 따라가지 말라

첫 번째는 이 세대를 본받지 않는 것, 즉 이 세대를 따라가지 않는 것입니다. 세상의 악한 것을 쫓아가지 않도록 주의하고 경계해야 한다는 말입니다.

변화는 근본적인 형태의 전환을 의미한다고 했습니다. 변화는 우리의 생각을 새롭게 함으로 삶의 방향이 근본적으로 바뀌는 것을 의미합니다. 그리스도인들은 이 세상을 살아갈 때, 그저 구원받는 데 그칠 것이 아니라 가치관과 세계관의 변화를 위해 노력해야 합니다. 그러나 많은 성도가 입과 마음으로 믿는 것만으로 자신이 변화되었다고 생각합니다. 그들의 사고방식과 삶의 모습이 불신자들과 다른 바가 전혀 없습니다. 주일날 교회에 나가지만 여전히 세상을 따라 살아갑니다. 그래서 교회 밖을 나서면 비그리스도인들과 구분하기 어렵습니다.

21세기는 모든 것이 엄청나게 빠른 속도로 변화하는 시대입니다. 교회는 물론 나라 전체가 급변하는 소용돌이 속에서 큰 혼란을 겪고 있습니다. 옛날에 좋던 것이 지금은 좋게 여겨지지 않습니다. 시대정신부터 시작해서 일상에서 소비하는 작은 기호품에 이르기까지 호불호가 금세 바뀌고 유행이 금방 지나갑니다.

생각과 가치가 변화된 것은 교회와 선교단체, 신앙 공동체 안에서도 마찬가지입니다. 예전에는 불편하고 비효율적이어도 공동체의 가치와 질서를 위해 개인이 참고 희생하는 것이 자연스러웠습니다. 하지만 지금은 공동체를 위한 일이라 해도 납득할 수 없으면 거절하고 거부하는 것이 당연한 시대가 되었습니다. 합리성과 실리를 추구하는 실용주의가 최고의 미덕이 되었습니다.

이 세대는 삶의 방식과 행동 양식에 영향을 주는 수많은 시대정신으로 가득 차 있습니다. 이런 흐름에 무방비로 노출되면, 변화가 아니라 변질될 수밖에 없습니다. 그래서 주님은 이 세대를 본받지 말라고, 즉 악한 영향을 받지 않도록 깨어서 주의하고 경계하라고 말씀하십니다. 그렇게 해야 우리 몸을 주님께 드릴 거룩한 제물 삼아 이 세대와 구별된 삶을 살아갈 수 있습니다.

마음을 새롭게 함으로 변화되라

두 번째는 마음을 새롭게 함으로 변화되는 것입니다.

사도 바울은 '마음을 새롭게 하라'는 표현 앞에 '오직'이라는 단어를 썼습니다. 우리말에서 '오직'은 'only'(유일한)의 의미가 크지만, 이 구절에 사용된 '오직'은 'but'(그러나)의 의미로 해석해야 합니다. 즉, 이전 것과 다른, 예전 것이 아닌 새로운 마음(mind)을 가지라는 말입니다. 이는 근본적인 형태 전환을 의미합니다. 곧 우리의 생각을 새롭게 함으로 삶의 방향이 근본적으로 바뀌는 것을 의미합니다.

마음을 새롭게 하면 (몸이) 변화됩니다. 생각을 바꾸면 삶이 달라집니다. 하나님은 이런 몸을 제물로 받으십니다.

본문에서 이야기하는 '변화'는 옷을 갈아입거나 계절과 날씨가 바뀌는 차원을 의미하는 'change'가 아닙니다. 눈에 보이는 겉모습을 바꾸는 변화가 아니라, 'transformation'입니다. 애벌레가 나비로 탈바꿈하는 것과 같은, 할리우드 영화에서 자동차가 외계 로봇으로 변신하는 것과 같은 존재 차원의 변화를 말하는 것입니다. 요한복음 3장에서 예수님이 니고데모에게 말씀하신 '물과 성령으로 나는 것'과 '거듭나는 것'도 이와 같습니다. 이것이 바로 하나님이 원하시는 변화입니다.

껍데기가 바뀌는 차원이 아닙니다. 특정 행동이 바뀌는 수준이 아닙니다. 물과 성령으로 거듭난 새로운 몸, 예수 그리스도 안에서 변화되어 부활한 새로운 몸이 되는 것입니다. 대가를 지불하면서 제자 훈련을 받고, 손을 들고 점프하면서 찬양하고, 경건한 분위기로 말한다고 해서 변화되었다고 생각하면 큰 착각입니다. 예수님과 사도 바울은 존재 자체의 본질적 차원에서 일어나는 변화를 이야기하는 것입니다. 그 출발점이 바로 생각, 즉 사고의 영역입니다. 사고방식이 바뀌면 삶의 방식도 바뀝니다. 그것이 바로 하나님이 제물로 받기 원하시는 새로운 몸입니다.

하나님의 뜻을 분별하라

하나님이 기뻐하실 거룩한 몸이 되는 데 필요한 세 번째 요소는 하나님의 뜻을 분별하는 것입니다. 하나님이 뭐라고 말씀하시는지, 무엇을 원하시는지 헤아려 판단하는 것입니다.

자신의 뜻이 아니라 하나님의 뜻을 듣고 순종하는 것이야말로 세상과 구별된 정결하고 거룩한 삶을 살 수 있는 비결입니다. 하나님은 그분이 원하시는 것과 기뻐하시는 것과 계획하신 것이 무엇인지 아는 사람에게 임하십니다. 성경을 살펴보면 하나님이 임하시는 곳이 거룩한 땅이 되고 성소가 되고 성전이 되었습니다. 그러므로 하나님이 임하시고 그분과 동행하는 사람은 거룩한 존재가 되고 거룩한 삶을 살 수밖에 없습니다.

그렇다면 제일 먼저 하나님의 뜻을 분별해야 할 영역은 어디일까요? 나의 비전과 계획입니다. 먼저 내가 품고 있는 꿈이 하나님에게서 온 것인지 아닌지를 분별해야 합니다. 그것이 정말 선하시고 기뻐하시고 온전하신 하나님의 뜻인지, 내 생각인지 분별할 수 있어야 합니다. 하나님은 그것을 분별하라고 말씀하십니다.

지금 하고 있는 일과 사역에 대해서도 분별해야 합니다. 하나님의 뜻을 따라 결정하고 그것에 순종하며 움직이고 있는지, 아니면 예전에 해 온 것을 답습하며 반복하고 있지는 않은지 하나님의 뜻을 묻고 들어야 합니다. 좋은 일이라고 무조건 하는 것이 아니라, 다른 사람이 한다고 해서 나도 하는 것이 아니라, 하나님의 선하시고 기뻐하시고 온전하신 뜻이기 때문에 해야 합니다.

하나님은 진정으로 우리의 몸을 받기 원하십니다. 우리가 몸으로도 하나님을 예배하기 원하십니다. 내 안에 정결하고 구별되지 않은 부분은 없는지, 이 세대를 따르고 있지는 않은지 하나님께 묻고 듣고 순종해야 합니다. 그럴 때 비로소 우리는 하나님이 진정으로 원하시는 일에 삶을 드릴 수 있습니다. 그것이 바로 하나님이 원하시는 거룩한 몸, 거룩한 삶입니다.

주인 되심에 대한 확신 없이는

우리의 몸을 하나님께 기꺼이 드리려면 '주님이 내 삶의 주인'이시라는 분명한 신앙고백이 필요합니다. 그런데 이 신앙고백은 주님을 주인으로 모시고 싶어 하지 않는 우리의 본성과 통제권 포기에 대한 두려움을 잠잠케 하는 확신에서 나옵니다. 그것은 하나님이 내 모든 것을 능히 다스리실 수 있는 분이며 나의 어떠함과 상관없이 신실하신 분이라는 확신입니다.

드린 만큼 받겠다는 '헌신을 가장한 거래'는 하나님과의 관계에 아무 도움이 되지 않습니다. 그분을 '절반의 주인'으로 전락시킬 뿐입니다. 더 많은 정성과 노력을 보여야 하나님이 복 주실 거라는 기복적 사고는 오히려 하나님에 대한 오해만 겹겹이 쌓을 뿐입니다. 하나님이 벌을 주실까 봐 헌신해야 한다는 유치원생 수준의 생각 역시 도움이 되지 않습니다.

삶과 사역이 안정기에 들어섰다고 느낄 때마다 원점으로 돌아가는 경험을 반복하면서 제가 붙잡은 것은 하나님이 제 삶 가운데 벌어지는 모든 일을 다스리시는 분이라는 사실, 끝까지 신뢰할 수 있는 분이라는 진리였습니다.

누구나 지나온 삶에 대해 아직도 이해하지 못할 것이며, 이해할 수 없는 일은 앞으로도 훨씬 더 많이 생길 것입니다. 하지만 그것을 모두 이해하고 납득해야 할 필요는 없습니다. 내 삶을 주관하는 신실하신 주님에 대한 확신만 있다면 기꺼이 모든 것을 내려놓고 원점에서 다시 시작할 수 있기 때문입니다. 내 주님이 전능하신 분이며 변함없이 나를 사랑하시는 분이라는 것 하나면 충분합니다.

주님을 주인으로 예배하며 몸과 마음을 그분께 드리십시오. 주님은 모든 것의 주인이자 주관자이신 하나님이며, 우리에게 필요한 모든 것을 갖고 계시고, 우리를 통해 나타날 권능의 근원이시고, 어떤 것과도 비교할 수 없는 깊이의 친밀감으로 함께하는 사랑 그 자체이십니다.

주님을 주인으로 고백하며 몸과 마음을 드리는 예배는 존재와 사고와 삶을 변화시킵니다. 주님을 신뢰하기에 그 앞에 겸손히 엎드리며, 주님의 뜻과 마음을 깨달아 순종하기를 즐거워하고, 언젠가 주님을 쏙 빼닮은 자로 거듭날 것을 견고히 확신하며 살아가야 합니다. 우리는 주님이 지으시고 소유하신 자들이며, 주님은 변함없이 우리를 다스리며 통치하시기 때문입니다.

chapter 9

주님이
주인 되시면
우리가
변한다

그때에, 이제는, 이제부터

에베소서 2장에는 우리의 지위, 영적인 위치에 관해 설명되어 있습니다. 예수님을 믿기 전 우리의 위치는 어디였고, 이제 예수님을 믿은 후의 위치는 어디인지 아주 날카롭게 대조하면서 이야기하고 있습니다.

11 그러므로 생각하라 너희는 그때에 육체로는 이방인이요 손으로 육체에 행한 할례를 받은 무리라 칭하는 자들로부터 할례를 받지 않은 무리라 칭함을 받는 자들이라 12 그때에 너희는 그리스도 밖에 있었고 이스라엘 나라 밖의 사람이라 약속의 언약들에 대하여는 외인이요 세상에서 소망이 없고 하나님도 없는 자이더니 13 이제는 전에 멀리 있던 너희가 그리스도 예수 안에서 그리스도의 피로 가까워졌느니라(엡 2:11-13).

본문에서 사도 바울은 두 가지 '때'를 비교하는데, 12절의 '그때에'와 13절의 '이제는'입니다. 12절의 '그때'란 예수님 없이 살았던 과거 시절을 말하고, 13절의 '이제는'이란 예수님을 믿고 살아가는 우리의 현재 상태를 말합니다. 그런데 성경 원문을 자세히 보면, 13절의 '이제는' 앞에 '그러나'(but)라는 의미의 헬라어 '데'(δὲ)가 기록되어 있음을 볼 수 있습니다. 이는 과거인 그때와 현재인 이제가 완전히 달라졌음을 보여 주는 단어입니다. 즉, 13절 이후의 본문에는 우리가 예수 그리스도 안에서 어떻게 변화되었는지에 관한 설명이 기록되어 있다는 의미입니다.

또한 에베소서 2장의 앞부분은 우리가 각자 어떻게 구원을 받았는지 보여 줍니다.

> ¹ 그는 허물과 죄로 죽었던 너희를 살리셨도다 ² 그때에 너희는 그 가운데서 행하여 이 세상 풍조를 따르고 공중의 권세 잡은 자를 따랐으니 곧 지금 불순종의 아들들 가운데서 역사하는 영이라 ³ 전에는 우리도 다 그 가운데서 우리 육체의 욕심을 따라 지내며 육체와 마음의 원하는 것을 하여 다른 이들과 같이 본질상 진노의 자녀이었더니(엡 2:1-3).

여기에도 '그때에'라는 단어가 등장합니다(2절). 또한 비슷한 뜻으로 사용된 '전에는'이라는 단어도 나옵니다(3절). 이는 이 본문이 예수님을 믿기 전에 우리가 어떤 사람이었는지 보여 주고 있음을 말해 줍니다. 우리는 모두 허물과 죄로 죽었고 본질적으로 하나님의 진노를 받을 수밖에 없는 존재였으며, 지금도 불순종하는 자들 안에 역사하고 있는 사탄을 따라 산 존재라는 것입니다. 그럼에도 우리는 아무것도 알지 못하고 하나님 없이 자기 마음대로 살고 있었습니다.

사도 바울은 그런 상태에 매여 있던 우리를 하나님이 어떻게 살려 주셨는지 4절부터 설명합니다.

> 4 긍휼이 풍성하신 하나님이 우리를 사랑하신 그 큰 사랑을 인하여 5 허물로 죽은 우리를 그리스도와 함께 살리셨고 (너희는 은혜로 구원을 받은 것이라) 6 또 함께 일으키사 그리스도 예수 안에서 함께 하늘에 앉히시니(엡 2:4-6).

하나님이 우리를 예수님과 함께 살리고 일으켜 주시고 하늘에 앉게 해주셨다는 것입니다. 그리고 이제 우리가 어떤 사람이 되었는지를 설명합니다.

> 7 이는 그리스도 예수 안에서 우리에게 자비하심으로써 그 은혜의 지극히 풍성함을 오는 여러 세대에 나타내려 하심이라 8 너희는 그 은혜에 의하여 믿음으로 말미암아 구원을 받았으니 이것은 너희에게서 난 것이 아니요 하나님의 선물이

라 ⁹ 행위에서 난 것이 아니니 이는 누구든지 자랑하지 못하게 함이라 ¹⁰ 우리는 그가 만드신 바라 그리스도 예수 안에서 선한 일을 위하여 지으심을 받은 자니 이 일은 하나님이 전에 예비하사 우리로 그 가운데서 행하게 하려 하심이니라 (엡 2:7-10).

예전에는 본질상 진노의 자녀였지만 지금은 그리스도 예수 안에서 선한 일을 위해, 하나님의 특별한 목적을 위해 지음 받은 존재라고 말합니다.

지금까지 살펴본 것처럼 에베소서 2장 1-10절까지는 우리가 어떻게 그리스도 안에서 변화되었는지, 원래 어떤 사람이었는데 예수님 안에서 지금 어떤 사람이 되었는지 보여 줍니다.

인간을 회복시키시는 하나님의 섭리와 경륜

인간은 원래 어떤 존재였고 예수 그리스도 안에서 어떤 존재로 변화되었는가?

사실 이것은 하나님이 성경 전체를 통해 우리에게 들려주고 계신 메시지입니다.

에덴동산에서의 반역 사건으로 인간은 하나님과의 관계로부터 떨어져 나가 자기 자신과 다른 사람들, 그리고 세상을 파괴하기 시작했습니다. 그래서 주님은 '때가 차매' 한 사람 아브라함을 불러 한 민족 이스라엘을 세우고, 그들과 에덴동산 이후 두 번째로 언약을 맺으셨습니다. 에덴동산 때와 동일하게 하나님만을 왕과 주인으로 섬기고 사랑하며 그분과의 친밀한 관계 가운데 거하라고 말씀하셨습니다.

거역하고 타락한 인간의 힘으로는 하나님을 알고 그분께 나아올 수 없기에, 이 모든 과정은 철저하게 하나님에 의해 진행되었습니다. 하지만 선택받은 민족 이스라엘은 그들의 조상이 에덴동산에서 행한 바를 고스란히 답습했습니다. '때가 차매' 애굽에서의 오랜 노예 생활을 끝내고 하나님이 허락하신 약속의 땅에 자유의 몸으로 들어갔지만, 또다시 하나님을 거절하고 그곳에서 누리게 된 것들의 종이 되고 말았습니다.

물론 처음에는 이스라엘 백성도 하나님을 잘 섬겼습니다. 믿음의 지도자 여호수아와 하나님이 이스라엘을 위해 행하신 일을 직접 목격한 사람들이 살아 있었기 때문입니다. 하지만 그들이 하나둘 세상을 떠나면서 이스라엘 백성은 먹고살 방법을 마련하고 편안하고 안전한 환경을 만드는 데 집중합니다. 4백 년이 넘는 노예 시대를 마치고 함께 애굽을 탈출한 부모 세대를 광야에 묻으면서

천신만고 끝에 행복을 얻게 되었지만, 그들에게 있어서 무엇보다 중요한 당면 과제는 경제적 안정이었을 것입니다. 문제는 그것이 하나님보다 더 크고 중요한 이슈였다는 데 있습니다.

가나안 땅에 정착해서 잘 먹고 잘사는 데 집중하느라 이스라엘 백성은 점점 하나님으로부터 멀어졌고, 그것은 다음 세대로 고스란히 이어졌습니다.

> ¹⁰ 그 세대의 사람도 다 그 조상들에게로 돌아갔고 그 후에 일어난 다른 세대는 여호와를 알지 못하며 여호와께서 이스라엘을 위하여 행하신 일도 알지 못하였더라(삿 2:10).

그들은 하나님이 행하신 것과 그분의 명령하신 것을 다음 세대에게 가르치는 일은 '돈 좀 벌고, 내 집 마련하고, 자식들 공부 좀 시킨' 다음에 해도 된다고 생각했습니다. 겉으로 드러나는 일도, 당장 처리해야 하는 급한 일도 아니라는 생각 때문이었을 겁니다. 덕분에 가나안 2세대들은 하나님을 떠나 그분과의 관계를 잃어버렸습니다. 에덴동산의 조상이 행한 바를 그대로 따른 것입니다.

하나님이 선택하신 백성이었지만 주인을 잃어버리고 난 뒤에 남는 것은 추하고 타락한 삶뿐이었습니다. 하나님으로부터 받은 율법, 화려하고 세련된 제사, 체계적인 신앙규범은 무용지물이 되고 이스라엘은 육신적 본능과 탐욕을 좇아갔습니다. 결국 그들은 타락의 길을 걷다가 앗수르와 바벨론 앞에 무릎을 꿇고 국가의 간판을 내리고 맙니다. 예루살렘 성과 성전이 파괴되고, 왕과 백성은 머나먼 이방의 땅에 포로로 끌려가 살아야 했습니다. 이스라엘을 기억할 수 있는 모든 것이 무너지고 사라진 것입니다.

그러나 하나님은 이스라엘과 맺으신 약속을 잊지 않으셨습니다. 사람의 나라는 무너지고 망하지만, 신실하신 하나님은 그 말씀하신 바를 반드시 성취하십니다. '때가 차매' 하나님은 이스라엘의 멸망 후 사방에 흩어져 살아가던 유대인들을 고향으로 돌아오게 하시고, 폐허가 된 성전과 예루살렘 성벽을 재건하게 하셨습니다. 백성과 지도자들 모두 하나님 앞에서 죄를 회개하고, 주인을 저버리고 거역한 조상의 길을 좇지 않고 말씀대로 살겠다고 결단했습니다. 하지만 세월이 흘러 그들은 다시 하나님을 저버리고, 생명 없는 기계적이고 습관적인 종교 생활을 하게 됩니다.

그럼에도 에덴동산에서 인간과 맺었던 친밀한 관계를 회복하기 원하시는 하나님은 '때가 차매' 온 인류의 죄를 대속하실 구원자를 이 땅에 보내 주셨습니다. 그분이 바로 예수 그리스도, 우리 주님이십니다. 창조자요 주관자인 주님이 모든 영광을 버리시고 겸손하게 피조물과 종들의 세계에 친히 들어오신 것입니다.

그리고 주님은 십자가의 고난과 죽음, 영광스러운 부활을 통해 죄와 사망을 이기셨고, 그분을 믿는 모든 사람(이스라엘뿐만 아니라 이 땅의 모든 민족과 열방)에게 구원의 은혜를 베푸셨습니다. 하나님이 에덴동산에서부터 꿈꾸셨던 인간과의 온전하고 친밀한 관계, 아브라함과 이스라엘 백성에게 베푸신 약속을 마침내 성취하신 것입니다.

우리는 하나님의 약속과 상관없는 이방인

사도 바울은 우리도 과거에 유대인들처럼 하나님을 잃어버리고 제멋대로 살아가던 존재였음을 기억하라고 말합니다. 그리고 하나님이 그런 우리를 어떻게 구원하셨는지 헤아려 보라고 이야기합니다.

사실 우리는 선택받은 이스라엘 민족이 아닌 이방인입니다. 또한 율법에 따라 할례를 행하지 않은 무할례자들입니다. 또한 그리스도 밖에서 예수님과 상관없이 살았던 사람들입니다. 하나님이 아브라함과 이스라엘에게 주신 언약과 아무 상관이 없습니다. 우리는 철저한 이방인이었습니다.

바울 서신에도 이렇게 사람을 구분하는 내용이 나옵니다.

²⁸ 너희는 유대인이나 헬라인이나 종이나 자유인이나 남자나 여자나 다 그리스도 예수 안에서 하나이니라(갈 3:28).

이 구절은 실제로 당시 그리스도인들이 갖고 있던 '사람을 구분하는' 세 가지 기준을 보여 줍니다.

첫 번째 기준은 '민족'입니다. 당시 그리스도인들은 유대인인지 이방인지를 따졌습니다. 민족으로 구분합니다. 두 번째 기준은 '사회적 신분'입니다. 노예와 자유인을 구분합니다. 세 번째 기준은 '성별'입니다. 여자인지 남자인지에 따라 대하는 것이 달랐습니다.

사람에 대한 평가와 그로 말미암은 차별의 문제는 인류 역사와 함께해 온 뿌리 깊은 이슈입니다. 이는 초대교회에서도 크게 다르지 않았는데, 아마 가장 대표적인 것은 민족 혹은 인종차별이었을 겁니다. 우리나라만 해도 오랫동안 단일민족으로 살다 보니 외국인에 대한 왠지 모를 불편함과 거리감이 있지 않습니까? 한국인으로 귀화했다고 해도 외국인이라는 사실은 변하지 않습니다. 21세기를 살아가는 우리가 그렇다면 초대교회 당시의 인종차별은 훨씬 더 심했을 것입니다.

유대인들은 자신들을 제외한 다른 모든 민족을 이방인으로 간주했습니다. 이방인들을 '말하는 기계, 말하는 연장이나 도구'로 생각한 것입니다.

  노예인지 자유인인지도 중요했습니다. 로마서 16장에는 스물여섯 명(스물여덟 명으로 볼 수도 있습니다) 정도의 사람 이름이 기록되어 있는데, 여기에는 의외로 사역자가 아닌 바울의 동역자들의 이름이 많이 등장합니다. 그중 아홉 명 정도가 노예식 이름입니다. 당시 일반적으로 노예에게 붙여 주는 이름이 따로 있었습니다. 신약성경에 등장하는 노예 중에서 가장 널리 알려진 오네시모는 '유익' 혹은 '쓸 만한 놈'이라는 뜻입니다. 로마서 16장에 등장하는 이름에도 흔한 노예 이름인 암블리아, 우르바노, 블레곤, 허메, 비롤로고, 율리아 등이 있고 석방된 노예 이름으로 흔히 쓰이던 에베네도, 안드로니고도 있습니다. 그리고 아마 헤롯의 손자이며 글라우디오 황제의 친구였을 아리스도블로와 글라우디오 황제에게 가장 큰 영향을 행사했을 뿐만 아니라 로마제국에 가장 강력한 사람 중 하나였던 부자 나깃수의 가족들도 있었습니다.

  특기할 만한 것은 예수님의 십자가를 골고다까지 지고 갔던 구레네 시몬의 아들 루포와 그의 어머니도 로마 교회 구성원이었다는 것입니다. 성별로 보면 스물여섯 명 가운데 아홉 명이 여인들이었으며(브리스가, 마리아, 유니아, 헤로디온, 드루배나, 드루보사, 버시, 율리아, 올름바), 특별히 이들 중 여섯의 사역을 바울이 칭찬하고 있습니다. 이는 초대교회 사역 안에서 여인들이 얼마나 중요한 위치를 차지하고 있었는지를 단적으로 보여 줍니다.

이처럼 성경은 사회적 신분이나 성별, 나이 등의 기준으로 사람을 구분하고 차별하지 않습니다. 사도 바울과 동시대에 사역한 부부 전도자 브리스길라와 아굴라의 이름은 신약성경에 총 여섯 번 등장합니다. 그런데 그중에서 남편인 아굴라의 이름이 앞에 나오는 경우는 두 번밖에 없고, 나머지는 아내인 브리스길라가 앞에 나옵니다. 아내의 영향력이 남편보다 더 컸던 모양인데, 성경은 이것을 여과 없이 그대로 표현합니다. 이는 로마서 16장에서도 동일합니다. 사도 바울은 로마의 교회에게 편지를 쓰면서 남자와 여자뿐 아니라 유대인과 이방인, 종과 자유인을 구분하지 않고 스물여섯 명의 이름을 기록했습니다.

21세기인 지금도 한국교회는 여성을 목회자와 지도자로 세우는 것에 대해 활짝 열려 있지 않습니다. 그런데 어떻게 초대교회에서 아내의 이름을 남편 이름 앞에 네 번이나 기록한단 말입니까? 어떻게 사도의 편지에 그렇게 많은 여성과 노예의 이름을 적을 수 있었을까요? 정작 그 편지에 함께 이름을 올린 유대인은 대여섯 명뿐입니다. 어떻게 그럴 수 있었을까요? 유대인이든 이방인이든, 종이든 자유자든, 남자든 여자든 모두 예수 그리스도 안에서 하나임을 믿은 덕분입니다.

로마서 16장에 불필요하게 너무 많은 이름을 기록했다고 생각하는 사람들이 있습니다. 많은 사람이 성경에서 족보나 문안록이 나오면 쉽게 무시합니다. 그러나 하나님은 인종, 지위, 사회적 배경, 남녀노소 등을 가리지 않으십니다. 우리가 어떤 배경을 가지고 있든지 어떤 환경에서 자라났든지 사랑하고 보호하며 인도해 주십니다. 우리는 이 성경 본문을 통해 하나님의 한 가족 안에 다양한 모습이 존재함을 볼 수 있어야 합니다.

또한 이렇게 다양한 사람으로 구성된 로마 교회는 통일성도 가지고 있었습니다 그들은 그리스도 안에서 하나 된 자들이었습니다. 그들은 성별과 지위를 가리지 않고 가정 교회를 이루어 모였고 함께 교제했습니다. 예수 그리스도께서 십자가를 통해 우리 인간들 안에 있는 장벽들을 허물어 주셨기 때문에 모두 그리스도 안에서 하나의 공동체를 이루었던 것입니다.

십자가를 통해 하나 되다

하나님이 없는 이방인으로 그리스도 밖에 있던 우리도 예수님의 피로 가까워졌고, 하나님의 화평으로 모든 관계를 막고 있던 담이 무너졌습니다.

14 그는 우리의 화평이신지라 둘로 하나를 만드사 원수 된 것 곧 중간에 막힌 담을 자기 육체로 허시고 15 법조문으로 된 계명의 율법을 폐하셨으니 이는 이 둘로 자기 안에서 한 새사람을 지어 화평하게 하시고(엡 2:14-15).

율법을 만족시키고 온전케 하는 예수 그리스도의 십자가로 '하나 된, 새로운 사람들'(one new people)이 되었습니다. 이 십자가가 유대인과 이방인, 자유인과 노예, 남자와 여자 사이의 차별을 깨트렸습니다.

16 또 십자가로 이 둘을 한 몸으로 하나님과 화목하게 하려 하심이라 원수 된 것을 십자가로 소멸하시고 17 또 오셔서 먼 데 있는 너희에게 평안을 전하시고 가까운 데 있는 자들에게 평안을 전하셨으니 18 이는 그로 말미암아 우리 둘이 한 성령 안에서 아버지께 나아감을 얻게 하려 하심이라(엡 2:16-18).

유대인과 이방인, 자유인과 노예, 남성과 여성이 하나 되어 한 성령(one Spirit) 안에서 하나님께 나아가게 되었습니다. 이제부터 우리 가운데 이방인은 없습니다.

19 그러므로 이제부터 너희는 외인도 아니요 나그네도 아니요 오직 성도들과 동일한 시민이요 하나님의 권속이라(엡 2:19).

거절받고 따돌림 받는 외부인도 없고, 외롭게 떠돌아다니는 나그네도 없습니다. 우리는 모두 하나님의 백성이며 하나님의 가족입니다. 그리고 하나의 건물로 함께 세워져 가고 있습니다.

> [20] 너희는 사도들과 선지자들의 터 위에 세우심을 입은 자라 그리스도 예수께서 친히 모퉁잇돌이 되셨느니라 [21] 그의 안에서 건물마다 서로 연결하여 주 안에서 성전이 되어 가고 [22] 너희도 성령 안에서 하나님이 거하실 처소가 되기 위하여 그리스도 예수 안에서 함께 지어져 가느니라(엡 2:20-22).

주님 안에서 성전으로, 성령 안에서 하나님이 거하실 처소가 될 건물로 함께 건축되는 것입니다.

벽돌 무더기인가, 벽인가

건물을 지으려면 벽돌로 벽을 쌓아야 합니다. 그래서 건축 공사장 한 켠에는 벽돌이 쌓여 있습니다. 인부들은 그것을 가져다 벽을 쌓습니다. 그런데 제가 만약 그곳에 찾아가 벽돌 한두 장만 팔라고 하면 어렵지 않게 내줄 겁니다. 말만 잘하면 그냥 얻을 수도 있겠죠. 싣고 온 벽돌이 몇 장이나 되는지는 몰라도 무더기로 쌓아 놓은 것에서 한두 장 빼주는 것은 별문제가 안 됩니다.

하지만 벽을 다 쌓은 상태에서 벽돌 한두 장만 빼 달라고 하면 어떻게 될까요? 허락해 줄 리 없습니다. 멀쩡한 벽에서 벽돌을 한두 장 뺀다고 생각해 보십시오. 벽에 구멍이 나는 겁니다. 신축 건물 벽에 구멍이 났다면 어떻게 되겠습니까? 난리가 날 겁니다.

"저 건물에는 왜 구멍이 나 있지?"

"대체 누가 멀쩡한 벽에서 벽돌을 빼간 거야? 어떤 정신 나간 놈이야?"

공동체로 살아갈 때도 이와 비슷한 상황이 벌어지는 듯합니다. 인원이 많고 적은 차이는 있지만, 우리는 모두 신앙 공동체에 소속되어 있습니다. 당신의 공동체는 벽돌 무더기에 가깝습니까, 아니면 함께 지어져 가는 건물에 가깝습니까?

공동체로서 성령 안에서 하나님이 거하실 처소로 함께 지어져 간다는 것은 하나님이 주신 놀라운 비전입니다. 하지만 이 비전은 그저 한 공간에 같이 있다고 해서, 같은 조직 안에 속해 있다고 해서 성취할 수 있는 것은 아닙니다. 함께 기도하고, 함께 하나님의 뜻을 묻고, 함께 하나님이 말씀하시는 바에 순종하는 몸, 즉 가족이 되어야만 이룰 수 있습니다. 그런데 우리는 이렇게 생각할 때가 많습니다.

'나 하나 빠진다고 표시가 날까?'

'나 하나쯤 없어도 우리 교회와 사역은 잘 돌아갈 거야.'

이것은 무슨 뜻입니까? 나 하나쯤 뒷전으로 물러나 팔짱을 끼고 있다고 큰 문제가 생기지 않는다는 것입니다. 나 하나 딴생각하고 딴짓해도 공동체는 알아서 잘 굴러갈 거라는 이야기입니다. 이런 생각을 하는 사람이 많은 공동체는 벽돌 무더기와 같습니다. 아무렇게나 쌓여 있는 벽돌 무더기 속에서 나 한 사람은 아무 가치 없는 벽돌 한두 장과 같습니다.

하지만 그리스도 안에서 함께 지어져 가는, 서로 연결되어 성전이 되어 가는 몸이라면 벽돌 하나만 빠져도 큰일이 날 것입니다. 쌓아 놓은 벽에서 벽돌이 빠진다면 표시가 날 수밖에 없습니다. 다른 벽돌로 메꾸지 않는 한 그 자리는 구멍이 뚫린 채 남아 있을 겁니다. 그게 벽돌로 지은 건물과 벽돌 무더기의 차이입니다. 그렇다면 그리스도 안에서 가족이 되고 한몸이 되고, 한 새사람이 되려면 우리의 공동체는 건물과 무더기 중 어느 것이 되어야 하겠습니까?

그런데 안타까운 것은 교회와 사역과 신앙 공동체 가운데 자기 것만 생각하는 사람이 많다는 점입니다. 내 부서, 내 사역, 내 성과에만 몰두해 있습니다. 물론 내 것이 잘되는 것도 중요합니다. 하지만 문제는 내 것에 지나치게 몰두하는 탓에 '우리'를 생각할 여유가 없다는 것입니다. 자기 것만 강조하고 신경 쓰는 한, 주 안에서 하나의 건물로 함께 지어져 가기란 불가능합니다.

"전체적인 일은 지도자들이나 능력 있는 사람들이 알아서 하겠지. 내 알 바 아니야."

이렇게 내가 맡은 일이나 잘하면 되고 내가 속한 부서만 잘되면 된다는 생각이 우리의 교회와 신앙 공동체를 좀먹고 분열시키고 있습니다.

그뿐만이 아닙니다. 교회와 선교단체, 신앙 공동체 안에서도 세상과 똑같은 '라인'이 존재하고, 자신의 성공을 위한 '줄 서기'가 공공연하게 이루어지고 있습니다. 또한 겉으로는 교파와 교단과 정치적 성향을 뛰어넘어 사역한다는 사람들이 출신지역과 출신학교, 나이와 성별, 교회와 사역의 규모에 따라 편을 가르고 당을 짓습니다.

예수 그리스도는 모든 관계 가운데 존재하는 벽을 허물고 멀어진 이들을 하나 되게 하시려고 십자가를 지셨는데, 우리에게는 여전히 가로막혀 있는 영역이 많습니다. 사역과 사역, 개인과 개인, 목회자와 성도, 지도자와 성도들 사이가 그렇습니다.

그분 안에서 한 새사람이 되어 화평하게 되기 원하시는 예수 그리스도의 길로 나아가려면, 이 모든 벽이 십자가를 통해 이미 사라진 것을 믿고 그렇게 살아가야 합니다. 바로 초대교회처럼 말입니다.

주(主)를 안다면

오늘날 우리는 예수 그리스도의 십자가 복음을 누리는 것에는 관심이 많지만, 그분이 어떤 분인지는 알려 하지 않습니다. 사도 바울이 에베소 교회 성도들에게 기록한 다음 말씀을 읽을 때도 마찬가지입니다.

> 4 긍휼이 풍성하신 하나님이 우리를 사랑하신 그 큰 사랑을 인하여 5 허물로 죽은 우리를 그리스도와 함께 살리셨고 (너희는 은혜로 구원을 받은 것이라) 6 또 함께 일으키사 그리스도 예수 안에서 함께 하늘에 앉히시니(엡 2:4-6).

대부분 이 말씀에서 '주와 함께 살고, 주와 함께 일어나, 주 안에서 그분과 함께 하늘에 앉는다'는 것에만 초점을 둡니다. 하지만 우리가 함께할 주님이 어떤 분인지에 대해서는 전혀 생각해 보지 않습니다. 도대체 우리가 함께 살아나고 함께 일어나고 함께 하늘에 앉을 예수 그리스도는 어떤 분이십니까? 사도 바울은 친절하게도 그것을 에베소서 1장 끝 부분에 누구도 부인하거나 이의를 제기할 수 없도록 분명하게 못 박아 놓았습니다.

> 20 그의 능력이 그리스도 안에서 역사하사 죽은 자들 가운데서 다시 살리시고

하늘에서 자기의 오른편에 앉히사 ²¹ 모든 통치와 권세와 능력과 주권과 이 세상뿐 아니라 오는 세상에 일컫는 모든 이름 위에 뛰어나게 하시고 ²² 또 만물을 그의 발 아래에 복종하게 하시고 그를 만물 위에 교회의 머리로 삼으셨느니라 ²³ 교회는 그의 몸이니 만물 안에서 만물을 충만하게 하시는 이의 충만함이니라 (엡 1:20-23).

예수 그리스도는 주인이십니다. 모든 것의 주인 되십니다. 예수 그리스도가 모든 것을 다스리고 통치하십니다. 어떤 것도 그분의 왕권과 통치에 이의를 제기하거나 막아설 수 없습니다. 바로 그분이 교회의 머리가 되십니다.

그런데 정작 그분의 몸인 교회는 이 사실을 잘 모르고 있습니다. 우리는 예수 그리스도가 주인이라는 분명한 신앙고백 없이 (하나님과의 명확한 관계 설정조차 되지 않은 상태에서) 이기적인 생각과 세상적 기준으로 사람들을 판단하고 차별하며 공동체를 분열시키고 있습니다. 그러나 자신이 믿는 예수님이 진정 어떤 분인지 안다면 결코 그렇게 할 수 없습니다.

¹³ 예수께서 빌립보 가이사랴 지방에 이르러 제자들에게 물어 이르시되 사람들이 인자를 누구라 하느냐 ¹⁴ 이르되 더러는 세례 요한, 더러는 엘리야, 어떤 이는 예레미야나 선지자 중의 하나라 하나이다 ¹⁵ 이르시되 너희는 나를 누구라

하느냐 16 시몬 베드로가 대답하여 이르되 주는 그리스도시요 살아 계신 하나님의 아들이시니이다 17 예수께서 대답하여 이르시되 바요나 시몬아 네가 복이 있도다 이를 네게 알게 한 이는 혈육이 아니요 하늘에 계신 내 아버지시니라 18 또 내가 네게 이르노니 너는 베드로라 내가 이 반석 위에 내 교회를 세우리니 음부의 권세가 이기지 못하리라 (마 16:13-18).

그리스도의 몸인 교회의 정체성과 기반은 "주는 그리스도시요 살아 계신 하나님의 아들이시니이다"라는 신앙고백입니다. 주님이 바로 그 고백 위에 교회를 세우겠다고 하셨기 때문입니다. 이것을 믿지 않는, 즉 주인이신 그리스도를 잃어버린 개인과 공동체는 기독교 신앙에 우호적인 구도자일 수는 있어도 성도와 교회는 될 수 없습니다. 예수 그리스도가 어떤 분인지에 대한 분명한 앎과 고백과 순종은 그의 몸 된 교회의 표지입니다. 공관복음이 사람들과의 온전한 관계를 하나님과의 온전한 관계와 결부시킨 것도 그 때문입니다.

마태복음은 모든 것을 다해 주인이신 하나님을 사랑하고 다른 사람을 자기 몸처럼 사랑하는 것이 율법과 선지자들을 통해 주신 계명 중에서 가장 핵심이라고 말합니다.

37 예수께서 이르시되 네 마음을 다하고 목숨을 다하고 뜻을 다하여 주 너의 하

나님을 사랑하라 하셨으니 38 이것이 크고 첫째 되는 계명이요 39 둘째도 그와 같으니 네 이웃을 네 자신같이 사랑하라 하셨으니 40 이 두 계명이 온 율법과 선지자의 강령이니라(마 2:37-40).

마가복음은 서기관의 입을 통해, 하나님이 유일한 주님이며 그분과의 올바른 관계 설정 다음으로 중요한 것이 이웃 사랑임을 강조합니다.

28 서기관 중 한 사람이 그들이 변론하는 것을 듣고 예수께서 잘 대답하신 줄을 알고 나아와 묻되 모든 계명 중에 첫째가 무엇이니이까 29 예수께서 대답하시되 첫째는 이것이니 이스라엘아 들으라 주 곧 우리 하나님은 유일한 주시라 30 네 마음을 다하고 목숨을 다하고 뜻을 다하고 힘을 다하여 주 너의 하나님을 사랑하라 하신 것이요 31 둘째는 이것이니 네 이웃을 네 자신과 같이 사랑하라 하신 것이라 이보다 더 큰 계명이 없느니라 32 서기관이 이르되 선생님이여 옳소이다 하나님은 한 분이시요 그 외에 다른 이가 없다 하신 말씀이 참이니이다 33 또 마음을 다하고 지혜를 다하고 힘을 다하여 하나님을 사랑하는 것과 또 이웃을 자기 자신과 같이 사랑하는 것이 전체로 드리는 모든 번제물과 기타 제물보다 나으니이다 34 예수께서 그가 지혜 있게 대답함을 보시고 이르시되 네가 하나님의 나라에서 멀지 않도다 하시니 그 후에 감히 묻는 자가 없더라(막 12:28-34).

누가복음 말씀은 예수님을 대적하던 당시 유대교 지도자들조차 주님이신 하나님과의 바른 관계 설정과 이웃과의 바른 관계 설정을 영생과 직결될 만큼 중요한 것으로 인식하고 있었음을 보여 줍니다.

> 25 어떤 율법교사가 일어나 예수를 시험하여 이르되 선생님 내가 무엇을 하여야 영생을 얻으리이까 26 예수께서 이르시되 율법에 무엇이라 기록되었으며 네가 어떻게 읽느냐 27 대답하여 이르되 네 마음을 다하며 목숨을 다하며 힘을 다하며 뜻을 다하여 주 너의 하나님을 사랑하고 또한 네 이웃을 네 자신같이 사랑하라 하였나이다 28 예수께서 이르시되 네 대답이 옳도다 이를 행하라 그러면 살리라 하시니(눅 10:25-28).

다른 복음서들과 같은 내용을 다루지는 않았지만 요한복음은 숨겨 놓았던 것을 드러내시는 예수님의 말씀을 기록하고 있습니다. 죽음이 임박해 옴을 느끼면 누구나 자신에게 가장 중요한 내용들을 유언처럼 정리하게 마련입니다.

예수님도 마찬가지셨을 것입니다. 예수님은 자신이 하나님이 보내신 그리스도임을 믿는 자들을 하나 되게 해 달라고 간구하셨습니다. 십자가를 눈앞에 둔 상황에서 이것은 주님의 유언과도 같은 기도였습니다.

⁸ 나는 아버지께서 내게 주신 말씀들을 그들에게 주었사오며 그들은 이것을 받고 내가 아버지께로부터 나온 줄을 참으로 아오며 아버지께서 나를 보내신 줄도 믿었사옵나이다 ⁹ 내가 그들을 위하여 비옵나니 내가 비옵는 것은 세상을 위함이 아니요 내게 주신 자들을 위함이니이다 그들은 아버지의 것이로소이다 ¹⁰ 내 것은 다 아버지의 것이요 아버지의 것은 내 것이온데 내가 그들로 말미암아 영광을 받았나이다 ¹¹ 나는 세상에 더 있지 아니하오나 그들은 세상에 있사옵고 나는 아버지께로 가옵나니 거룩하신 아버지여 내게 주신 아버지의 이름으로 그들을 보전하사 우리와 같이 그들도 하나가 되게 하옵소서(요 17:8-11).

사복음서뿐만이 아닙니다. 성령 강림을 통한 초대교회의 시작과 이방 세계를 향한 복음 전파의 확장을 기록한 사도행전도 그리스도의 주재권을 인정하고 순종하는 것이 하나님이 원하시는 공동체를 세우는 핵심 가치임을 보여 주고 있습니다.

⁹ 이튿날 그들이 길을 가다가 그 성에 가까이 갔을 그때에 베드로가 기도하려고 지붕에 올라가니 그 시각은 제 육 시더라 ¹⁰ 그가 시장하여 먹고자 하매 사람들이 준비할 때에 황홀한 중에 ¹¹ 하늘이 열리며 한 그릇이 내려오는 것을 보니 큰 보자기 같고 네 귀를 매어 땅에 드리웠더라 ¹² 그 안에는 땅에 있는 각종 네 발 가진 짐승과 기는 것과 공중에 나는 것들이 있더라 ¹³ 또 소리가 있으되 베드로야 일어나 잡아먹어라 하거늘 ¹⁴ 베드로가 이르되 주여 그럴 수 없나이다 속되

고 깨끗하지 아니한 것을 내가 결코 먹지 아니하였나이다 한 대 15 또 두 번째 소리가 있으되 하나님께서 깨끗하게 하신 것을 네가 속되다 하지 말라 하더라 16 이런 일이 세 번 있은 후 그 그릇이 곧 하늘로 올려져 가니라(행 10:9-16).

예수님의 수제자였고 초대교회의 기둥과도 같은 인물인 베드로는 왜 하나님이 거룩하게 하신 것을 먹지 않겠다고 버텼을까요? 하나님이 자신의 민족 이스라엘에게 부정한 짐승을 먹지 말라고 명령하셨기 때문입니다. 그는 하나님이 유일한 주인이심을 알고 고백하는 사람이었지만, 어떻게 그 말씀에 순종해야 하는지 알지 못했습니다. 결국 그는 성령의 인도하심 가운데 고넬료라는 이방인의 가정을 만나 자신이 갖고 있던 (하나님으로부터 오지 않은) 민족주의적인 선입견과 편견을 포기하게 됩니다.

25 마침 베드로가 들어올 때에 고넬료가 맞아 발 앞에 엎드리어 절하니 26 베드로가 일으켜 이르되 일어서라 나도 사람이라 하고 27 더불어 말하며 들어가 여러 사람이 모인 것을 보고 28 이르되 유대인으로서 이방인과 교제하며 가까이하는 것이 위법인 줄은 너희도 알거니와 하나님께서 내게 지시하사 아무도 속되다 하거나 깨끗하지 않다 하지 말라 하시기로(행 10:25-28).

계속해서 이방인 가운데 복음이 전해지고 성령의 임재가 나타나자 마침내 예루살렘 공의회는 출신과 행위라는 인간의 기준으로 성령의 역사와 복음 전파를 거스르지 않기로 합니다.

> 28 성령과 우리는 이 요긴한 것들 외에는 아무 짐도 너희에게 지우지 아니하는 것이 옳은 줄 알았노니 29 우상의 제물과 피와 목매어 죽인 것과 음행을 멀리할지니라 이에 스스로 삼가면 잘되리라 평안함을 원하노라 하였더라(행 15:28-29).

그 출발점은 예수 그리스도가 주인이시라는 믿음과 율법의 멍에를 이방인들에게 지우는 것은 주인이신 하나님의 뜻을 거스르는 것이라는 깨달음이었습니다.

> 10 그런데 지금 너희가 어찌하여 하나님을 시험하여 우리 조상과 우리도 능히 메지 못하던 멍에를 제자들의 목에 두려느냐 11 그러나 우리는 그들이 우리와 동일하게 주 예수의 은혜로 구원받는 줄을 믿노라 하니라(행 15:10-11).

사도 바울의 서신과 사역의 초점도 예수님이 그리스도라는 믿음과 모든 장벽을 허물고 편만하게 흘러가는 주님의 십자가 복음에 맞춰져 있습니다. 오직 예수만 주인이시며, 어떤 사람이든 믿고 순종하면 그분의 주재권 아래 들어간다는 것입니다. 또한 그는 하나님의 부르심 받은 사도로서 이 진리에 다른 것을 더하지도 않았고, 이 진리를 벗어나는 세력과 맞서 조금도 물러서지 않았습니다. 그리고 우리는 요한계시록을 통해 복음으로 모든 장벽을 허물어 열방을 불러 모으시고, 그들로 주를 경배하게 하시는 하나님의 놀라운 비전이 성취되는 장면을 보게 됩니다.

> 9 이 일 후에 내가 보니 각 나라와 족속과 백성과 방언에서 아무도 능히 셀 수 없는 큰 무리가 나와 흰옷을 입고 손에 종려 가지를 들고 보좌 앞과 어린 양 앞에 서서 10 큰 소리로 외쳐 이르되 구원하심이 보좌에 앉으신 우리 하나님과 어린 양에게 있도다 하니 11 모든 천사가 보좌와 장로들과 네 생물의 주위에 서 있다가 보좌 앞에 엎드려 얼굴을 대고 하나님께 경배하여 12 이르되 아멘 찬송과 영광과 지혜와 감사와 존귀와 권능과 힘이 우리 하나님께 세세토록 있을지어다 아멘 하더라(계 7:9-12).

인종과 언어와 신분과 출신 배경에 상관없이 예수 그리스도의 십자가 복음으로 거룩하게 된 자들이 함께 나아와 주를 높이며 경배합니다.

이와 같이 성경은 계속해서 예수 그리스도가 유일한 하나님이자 주님이심을 선포합니다. 이것을 깨닫는 개인과 공동체만이 그의 몸 된 교회가 되어 인류에게 존재하는 모든 장벽을 허물고 주 안에서 진정한 하나 됨을 성취할 수 있습니다. 이것이 주의 몸과 신부로 부르심 받은 우리를 향한, 교회가 결코 잃어버려서는 안될 주 예수님의 뜻과 계획입니다. 이것이 사도 바울이 에베소 교회에 보낸 편지에 담겨 있는, 말할 수 없이 놀라운 '나와 우리에게' 일어난 변화입니다.

모든 벽을 허문 예수 그리스도가 주인이시다

죽어야 할 죄인이었지만 예수 그리스도 안에서 하나님의 백성으로 거듭나는 개인의 B.C.(Before Christ, 예수 믿기 전의 우리)와 A.D.(Anno Domini, 예수 믿고 나서의 우리)가 있듯이 공동체의 B.C.와 A.D.도 있어야 합니다. 저마다의 기준과 가치로 조각 나 있었지만, 예수 그리스도 안에서 인종과 국적과 성별과 신분 같은 장벽을 무너뜨리고 온전히 하나 되는 것 말입니다. 어떤 장벽도 우리를 향한 하나님의 부르심을 막을 수 없습니다. 하나님의 백성은 젊음이나 학벌이 아니라 각자에게 주시는 은사로 일하는 사람들입니다.

그러므로 생각하십시오. 유대인과 이방인, 할례 받은 자들과 무할례자, 남자와 여자, 자유인과 노예, 노인과 젊은이를 나누고, 목회자와 비목회자를 나누고, 부자와 가난한 사람을 구분하는 것은 우리가 주 안에 있지 않았던 과거에 속한 행위입니다. 지금 주인이신 예수 그리스도 안에 있다면 반드시 내려놓아야 할 옛사람의 행위입니다.

모든 벽을 허문 예수님이 주인이시기에 우리는 그 어떤 차별이나 편견 없이 하나 된 새사람으로 하나님 아버지께 나아가야 합니다. 여전히 다른 사람에 대한 차별과 편견의 벽이 남아 있다면 허물어야 합니다.

스스로 '여자라서, 목회자가 아니어서, 학벌이 없어서, 지도자가 아니어서, 나이가 너무 많아서'라는 벽을 세워 놓고 그 안에 자신을 가둬 놓고 있다면, 이제는 벗어나야 합니다.

예수님이 주인이심을 믿고 고백하고 있습니까? 그렇다면 그분이 아무것도 따지지 않고 우리를 용서하고 받아 주셨음을 기억하십시오. 주님은 자격 없는 우리의 죄와 허물을 은혜로 덮으사 우리를 받아 주셨습니다. 그리고 우리도 다른 사람을 그렇게 받아 주기 원하십니다. 이것이 바로 예수님의 소유가 된 공동체가 변화될 수밖에 없는 이유입니다.

주님이 우리에게 하신 것처럼 당신 가운데 막힌 것을 헐고, 넘지 못하는 벽을 깨뜨리십시오. 그렇게 서로 받아 주고 하나 되는 것이 그리스도의 몸 된 교회와 신앙 공동체입니다.

chapter 10

주님이
주인 되시면
세상이
변한다

복의 근원으로 부르심 받았지만

창세기 12장은 하나님이 아브라함을 통해 본격적으로 인류 구원 계획의 장을 열어 가시는 내용을 담고 있습니다.

> [1] 여호와께서 아브람에게 이르시되 너는 너의 고향과 친척과 아버지의 집을 떠나 내가 네게 보여 줄 땅으로 가라 [2] 내가 너로 큰 민족을 이루고 네게 복을 주어 네 이름을 창대하게 하리니 너는 복이 될지라 [3] 너를 축복하는 자에게는 내가 복을 내리고 너를 저주하는 자에게는 내가 저주하리니 땅의 모든 족속이 너로 말미암아 복을 얻을 것이라 하신지라(창 12:1-3).

이 본문에는 '복'이라는 단어가 다섯 번이나 반복되고 있습니다. 흥미로운 것은 12장 시작 부분에 '복'이 다섯 번 기록된 것과 대조적으로, 1장에서 11장까지의 내용에 다섯 번의 '저주'가 등장한다는 사실입니다.

3장에서 인간과 뱀이 저주받고, 인간의 범죄 때문에 땅이 저주받습니다. 4장에서 동생을 죽인 가인이 저주받고, 9장에서 노아의 손자 가나안이 저주받습니다. 1-11장 사이에 기록된 다섯 번의 저주를, 12장에서 다섯 번의 복으로 바꿔 놓은 것입니다.

저주받은 상태에 있는 사람을 복된 상태로 전환시키는 것, 그것이 바로 우리에게 베푸신 하나님의 복음입니다. 저주받은 인류가 하나님의 복을 누리게 된 것, 그것이 바로 구원의 역사입니다.

여기서 '복'으로 번역된 히브리어 '브라카'(הכרב)는 '하나님의 복'이라는 뜻을 갖고 있습니다. 말 그대로 복 자체, 더 쉽게 말하자면 '복덩어리'라고 할 수 있습니다. 그러니까 본문에 기록된 축복 선언은 하나님이 아브라함에게 복을 주신다는 의미와 함께 아브라함 자신이 복덩어리라는 의미로도 해석할 수 있습니다.

먼저 하나님이 복을 주십니다. 복을 주는 주체가 하나님이십니다. 하나님이 아브라함으로 큰 민족을 이루게 하시고, 하나님이 아브라함의 이름을 창대하게 하십니다. 이 말씀만으로도 큰 힘과 위로가 됩니다. 하나님이 선하고 놀라운 계획 가운데 복을 주실 대상으로 직접 우리를 선택하셨다는 말이기 때문입니다.

그러나 하나님의 복은 거기서 멈추지 않고 다음 단계로 나아갑니다. 하나님은 우리에게 복을 받아 누리는 차원을 넘어 복 자체가 되라고 말씀하십니다. 하나님이 우리에게 주신 복을 열방에게도 나눠 주라는 것입니다. 이것은 아브라함과 그를 믿음의 조상으로 둔 모든 그리스도인의 존재 자체를 변화시키는 영광스러운 선언입니다.

본문의 주인공 아브라함도 그렇게 느꼈을까요? 어느 날 갑자기 들려온 하나님의 부르심은 늘 평온하고 안전하던 그의 일상을 송두리째 날려 버렸습니다. 오랫동안 가꿔 왔던 삶의 기반을 모두 내려놓고 정처 없는 여행을 시작합니다. 확실한 것은 오직 하나, 갈대아 우르나 하란에서보다 훨씬 불편하고 힘든 생활이 기다리고 있다는 사실입니다. 텐트 생활을 해야 하기 때문에 가지고 다닐 수 있는 물건에도 제한이 많습니다. 가뭄과 흉년이 든 지역을 지날 때는 굶주림과 갈증을 겪어야 했습니다. 여행을 시작할 때부터 줄곧 그를 이해하지 못하는 따가운 시선이 뒤통수에 꽂히는 것을 경험했을 것입니다.

무엇보다 그를 힘들게 한 것은 자식이 없다는 것, 더 정확히 말하면 자식을 주시겠다는 하나님의 약속이 성취되지 않는 것이었습니다. 결국 기다리다 지친 아브라함은 자구책을 동원합니다. 사라가 아닌 다른 여인을 통해 자식을 얻으려는 것이었습니다. 자신이 하나님께 복을 받았으며 그 복을 나눠 주는 자로 세움 받았다는 자부심으로 그 어려움을 이겨 내기에는 아직 아브라함의 믿음이 무르익지 않은 상태였습니다.

이 시기의 아브라함처럼 '하나님의 복을 전하는 자'라는 부르심을 명확하게 인식하지 못하는 사람은, 자신을 부르신 하나님이 얼마나 크신 분인지, 그분께 부르심을 받은 것이 얼마나 놀라운 은총이며 은혜인지 깨닫지 못합니다. 그래서 지금 못 가지고 못 살고 못 누리는 것 때문에 상심하고 낙심하며, 자신이 불행하다고 느낍니다.

잃은 양, 잃은 동전, 잃은 아들

두 명의 아들을 둔 부자가 있었습니다. 어느 날 둘째 아들이 아버지에게 자식으로서는 결코 해서는 안 되는 요구를 합니다. 아버지가 멀쩡히 살아있는데 자기 몫의 유산을 미리 떼어 달라고 한 것입니다. 유대 사회에서는 절대로 있을 수 없는 일이었지만, 아들을 정말 사랑하는 아버지는 그 청을 받아들였습니다.

그런데 이 못된 아들은 유산을 받자마자 아버지와 집을 떠나 먼 나라로 가 버렸습니다. 그리고 창녀와 함께 허랑방탕하게 살며 아버지가 주신 재산을 탕진해 버렸습니다. 결국 먹고살 길이 없어지자, 유대인은 절대 할 수 없는 일인 돼지를 돌보는 일까지 해야 했습니다. 그제야 그는 아버지와 집을 떠올립니다.

"종이 되어도 좋다. 일꾼이 되라고 해도 좋다. 어떤 벌을 받더라도 아버지 집에서 삼시 세끼 밥만 먹여 주면 그것으로 족하다."

그런 마음으로 돌아오는 둘째 아들을 보자마자 아버지가 달려와 끌어안습니다. 좋은 옷을 입히고, 한 가족임을 상징하는 가락지를 손에 끼워 주고, 발에 신을 신깁니다. 그리고 살진 송아지를 잡아 동네잔치를 열었습니다.

"죽었던 아들이 살아 돌아왔으니 얼마나 즐거운 일인가!"

이 이야기는 누가복음 15장에서 예수님이 말씀하신 비유 3부작 중 마지막인 '탕자의 비유'입니다.

첫 번째로 등장하는 비유는 잃어버린 양의 이야기입니다. 양 주인은 100마리의 양 중 사라진 1마리 양을 찾아 온 들판을 헤맵니다. 천신만고 끝에 양을 찾아 목에 메고 돌아와서는 양 값보다 훨씬 많은 돈을 들여 잔치를 엽니다.

두 번째 비유는 한 드라크마를 잃어버린 여인의 이야기입니다. 유대 문화에서는 약혼할 때 남성이 여성에게 드라크마 열 개를 사랑의 정표로 선물하고 여성들은 이것을 실에 꿰어서 머리에 장식처럼 쓰거나 목걸이처럼 걸고 다닌다고 합니다. 그런데 그중 하나를 집 안에서 잃어버린 것입니다. 어두운 온 집을 샅샅이 뒤져서 겨우 동전을 찾은 여인은 벗과 이웃을 불러 큰 잔치를 엽니다.

세 번째 비유가 앞서 말씀 드린 집 나간 탕자에 관한 이야기입니다.

세 비유 모두 잃은 대상을 되찾았을 때 기뻐하며 벗과 이웃을 불러 큰 잔치를 열었다는 공통점이 있습니다. 하지만 탕자의 귀환 이야기는 잔치를 연 것에서 끝나지 않습니다. 예수님에게는 이 비유를 통해 전하고 싶은 이야기가 아직 남아 있었습니다.

> 1 모든 세리와 죄인들이 말씀을 들으러 가까이 나아오니 2 바리새인과 서기관들이 수군거려 이르되 이 사람이 죄인을 영접하고 음식을 같이 먹는다 하더라 3 예수께서 그들에게 이 비유로 이르시되(눅 15:1-3).

이 세 가지 비유는 여러 사람이 모인 자리에서 주님이 들려주신 말씀입니다. 당시 그 자리에는 당대 가장 신앙이 좋고 경건하다고 알려진 종교 지도자들도 있었고, 행실이 바르지 못해서 세간의 비난과 손가락질을 받는 사람들도 있었습니다. 의인과 죄인이 모두 한자리에 있었던 셈입니다. 그렇다면 주님은 모인 사람들 중 누구를 겨냥해서 그 비유를 말씀하신 걸까요? 세리와 죄인들일까요, 바리새인과 서기관들일까요?

정답은 바리새인과 서기관들입니다. 세리와 죄인들에게 들려주신 거라면, 탕자의 비유는 잃어버린 아들이 돌아온 것을 기뻐하고 축하 파티를 여는 것에서 끝났을 것입니다. 하지만 바리새인과 서기관들에게 말씀하고 싶은 바를 제대로 전달하기 위해서는 앞의 두 비유와 달리 뒷이야기가 더 필요했습니다.

"동생과 저를 엮지 마세요!"

25 맏아들은 밭에 있다가 돌아와 집에 가까이 왔을 때에 풍악과 춤추는 소리를 듣고(눅 15:25).

종일 밭에 나가 있던 큰아들이 일을 마치고 돌아왔습니다. 그런데 평소와 달리 집 안에서 맛있는 음식 냄새가 나고 즐거워하는 사람들의 소리와 흥겨운 음악 소리가 들립니다. 일반적으로 이런 경우에는 무슨 일인지 궁금해서라도 서둘러 집 안으로 들어가 보게 마련입니다.

그런데 큰아들은 집 앞에 서 있을 뿐, 안으로 들어가지 않습니다. 왜 그랬을까요? 그에게는 별로 달갑지 않은 일로 잔치가 열렸다는 것을 눈치 챈 건 아닐까요?

²⁶ 한 종을 불러 이 무슨 일인가 물은대 ²⁷ 대답하되 당신의 동생이 돌아왔으매 당신의 아버지가 건강한 그를 다시 맞아들이게 됨으로 인하여 살진 송아지를 잡았나이다 하니(눅 15:26-27).

큰아들이 잠시 하인 한 명을 불러내어 조용히 묻습니다.
"갑자기 웬 잔치냐? 집에 무슨 일이라도 있느냐?"
아니, 직접 들어가서 자기 눈으로 확인해 보면 될 것을 왜 집으로 들어가지 않고 물어보는 것일까요?
그런데 하인도 약간 건방진 말투로 대답합니다.
"당신의 동생이 돌아왔습니다."
하인이라면 당연히 "둘째 도련님이 돌아왔다"라고 대답했을 텐데, 이 하인은 건방지게 "당신의 동생이 건강하게 돌아온 것 때문에 살진 송아지를 잡았다"라고 대답합니다.

²⁸ 그가 노하여 들어가고자 하지 아니하거늘 아버지가 나와서 권한대 ²⁹ 아버지께 대답하여 이르되 내가 여러 해 아버지를 섬겨 명을 어김이 없거늘 내게는 염소 새끼라도 주어 나와 내 벗으로 즐기게 하신 일이 없더니 ³⁰ 아버지의 살림을 창녀들과 함께 삼켜 버린 이 아들이 돌아오매 이를 위하여 살진 송아지를 잡으셨나이다 ³¹ 아버지가 이르되 얘 너는 항상 나와 함께 있으니 내 것이 다 네 것이로되 ³² 이 네 동생은 죽었다가 살아났으며 내가 잃었다가 얻었기로 우리가

즐거워하고 기뻐하는 것이 마땅하다 하니라(눅 15:28-32).

이에 큰아들이 분노합니다. 집 안에 들어가지 않고 문 앞에서 농성을 벌입니다. 가출해서 생사를 알 수 없던 동생이 돌아왔는데 왜 그렇게 화가 났을까요? 잔치 때문에 잡은 송아지가 아까워서 그런 걸까요, 아니면 동생이 남은 재산까지 가지러 왔을까 봐 그런 걸까요?

큰아들이 집 밖에서 씩씩대고 있다는 얘기를 들었는지 아버지가 나옵니다. 그리고 동생이 살아 돌아왔으니 함께 들어가서 기뻐하며 축하하자고 권합니다. 그때 큰아들이 아버지에게 속마음을 털어놓습니다. 오랫동안 마음속에 꾹꾹 눌러두었던 이야기였을 것입니다.

"동생이라고요? 그놈은 아버지가 버젓이 살아 계시는데 유산을 요구한 패륜아입니다. 아버지가 피땀 흘려 모으신 재산을 술과 여자로 홀랑 말아먹은 망종이라고요! 그런데 그런 놈을 위해 살진 송아지를 잡으셨다고요? 그럼 저는요? 저를 위해 염소 새끼 한 마리라도 잡아 주신 적이 있으셨나요? 어떻게 저한테 이러실 수가 있어요? 그동안 제가 아버지를 어떻게 섬기고 순종했는지 아버지가 가장 잘 아시잖아요!"

이에 아버지도 큰아들에게 속마음을 털어놓습니다. 아버지도 오랫동안 마음속에 꾹꾹 눌러두었던 이야기였을 것입니다.

"아들아. 너는 늘 나와 함께 있었잖니. 그러니까 이미 내 재산은 다 네 재산인 거야. 하지만 네 동생은 영영 찾지 못할 줄 알았다가 돌아왔으니 기뻐하고 즐거워하는 것이 당연하지 않겠니?"

본문에서 아버지와 큰아들이 둘째 아들을 뭐라고 표현했는지 주목해 보십시오. 큰아들은 '이 아들'이라고 했고, 아버지는 '너의 동생'이라고 했습니다. 큰아들은 동생과의 관계 자체를 부인하고 싶어 했고, 아버지는 어떻게든 그 관계를 회복시켜 주고 싶어 했습니다.

예수님이 말씀하신 비유는 이 장면에서 끝납니다. 큰아들이 아버지의 마음을 이해하고 집으로 들어가 동생의 귀환을 함께 기뻐하고 축하했는지, 아니면 이번에는 큰아들이 집을 나가 버렸는지는 알 수 없습니다.

예수님이 이 비유를 통해 바리새인과 서기관들에게 말씀하고 싶었던 것은 무엇일까요?

세리와 죄인들이 그들의 '동생'이라는 겁니다. 비유에서처럼 '잃어버렸다가 다시 찾은' 동생이라는 겁니다. 하지만 바리새인과 서기관들은 끝까지 그들을 거부했습니다.

"저들은 내 동생이 아닙니다!"

"하나님, 저한테 왜 이러십니까? 제가 얼마나 열심히 하나님을 섬겼는지 하나님이 가장 잘 아시지 않습니까? 그런데 어떻게 저를 저따위 것들과 엮으려고 하십니까?"

큰아들이 알지 못한 것

큰아들은 아버지가 진정 원하는 것이 무엇인지 몰랐습니다.

아버지는 매일 아침 언덕을 바라보며 혹시라도 동생이 돌아오지 않을지 노심초사하며 기다렸을 겁니다. 큰아들에게도 동생의 근황을 자주 물었겠죠.

"혹시 동생 소식 들은 것 없니?"

그런데 큰아들은 동생에 대한 소식을 어느 정도 듣고 있었던 듯합니다. 그러지 않고서야 집에 들어가지도 않았는데 동생이 '아버지의 살림을 창녀들과 함께 삼켜 버린' 줄 어떻게 알았겠습니까? 어떤 방법을 통해서인지는 모르지만 평소에 동생 이야기를 전해 듣고 있었던 겁니다. 어쩌면 그래서 동생이 더 괘씸했는지도 모르겠습니다.

'나쁜 자식, 패륜까지 저지르고 가져간 돈을 창녀들과 써 버려? 어떻게 그럴 수 있어!'

아버지가 동생에 대해 물었을 때 대답하지 않은 것도 그 때문이었을 겁니다. 속으로 '동생은 무슨 놈의 동생! 저는 이미 오래전에 그놈에게 마음 끊었습니다. 그놈은 제 동생이 아닙니다. 집을 나가는 순간 저는 그놈을 완전히 잊어버렸습니다. 그놈은 인간도 아니고, 멀쩡한 아버지를 죽인 놈이고, 이제 우리와는 철천지원수일 뿐입니다'라고 생각했을 겁니다.

그 이유가 돈 때문만은 아닐 겁니다. 아버지와 가정을 버리고 떠난 동생이 창녀들과 함께 허랑방탕하게 살고 있다는 소식이 그의 분노를 더욱 치밀어 오르게 했을 겁니다. '어떻게 그럴 수 있을까? 어떻게 그렇게 행동할 수 있는 걸까? 어떻게 아버지의 돈으로 그런 인생을 살 수 있을까?'

그래서 큰아들은 더욱 열심히 일하고 아버지에게 완벽하게 순종했을 겁니다. 하지만 그 역시 아버지가 진정으로 원하는 것을 알면서도 행하지 않았습니다. 집을 나가거나 유산 분배를 요구하지는 않았지만, 큰아들 역시 아버지와 상관없는 자기 기준과 생각에 갇혀 있었습니다.

당신은 하나님이 진정으로 원하시는 것이 무엇인지 잘 알고 있습니까? 교회에서 얼마나 헌신하며 봉사하고 있는지, 주일헌금에 십일조까지 꼬박꼬박 잘 내는지, 직장과 학교에서 얼마나 모범적이고 양심적으로 살고 있는지를 묻는 것이 아닙니다. 하나님의 마음이 무엇을 향해 있는지, 그와 관련해서 하나님이 당신을 어떻게 부르고 계시는지 아느냐는 질문입니다. 만약 그렇지 않다면, 당신은 죽어라고 충성 봉사하면서도 한편으로는 못 가지고 못 살고 못 누리는 것 때문에 불만에 가득 차 있을지 모릅니다.

탕자의 비유 속 큰아들도, 예수님이 비유를 들려주신 바리새인과 서기관들도, 받을 복만 계수하고 전해 줄 복은 생각하지 못한 아브라함도 모두 동일한 상태였습니다.

이 세상에는 그리스도인이 찾고 만나야 할 사람들이 있습니다. 그리스도인이 직면하고 뛰어들어야 할 문제와 상황도 있습니다. 그리스도인이 가서 섬겨야 할 곳도 있습니다. 예수 그리스도를 알지 못하는 사람들, 예수 그리스도를 전해 주는 이 없는 선교지, 예수 그리스도의 성품이 나타나야 할 모든 관계와 공동체, 예수 그리스도의 진리를 거스르는 사회의 모든 영역과 분야들 말입니다. 하나님은 이 모든 것에 대한 절절한 마음을 성경 전체에 가득 담아 놓으셨습니다. 누가복음 15장만 봐도 확실히 알 수 있습니다.

7 내가 너희에게 이르노니 이와 같이 죄인 한 사람이 회개하면 하늘에서는 회개할 것 없는 의인 아흔아홉으로 말미암아 기뻐하는 것보다 더하리라(눅 15:7).

10 내가 너희에게 이르노니 이와 같이 죄인 한 사람이 회개하면 하나님의 사자들 앞에 기쁨이 되느니라(눅 15:10).

24 이 내 아들은 죽었다가 다시 살아났으며 내가 잃었다가 다시 얻었노라 하니

그들이 즐거워하더라(눅 15:24).

32 이 네 동생은 죽었다가 살아났으며 내가 잃었다가 얻었기로 우리가 즐거워하고 기뻐하는 것이 마땅하다 하니라(눅 15:32).

그런데 이러한 마음이 없다면 우리에게 신앙은 하나님께 잘 보이고 복 받아서 자기 혼자 잘 먹고 잘살기 위한 방편에 불과할 것입니다.

복을 주는 것이 아니라 복이 되어 주다

우리는 흔히 하나님이 아브라함을 복덩어리로 부르실 때 그의 입에 복을 주셨다고 착각합니다. 그래서 축복의 말을 통해 하나님의 복을 열방에 전한다고 생각합니다. 하지만 성경에는 전혀 그렇게 기록되어 있지 않습니다.

3 너를 축복하는 자에게는 내가 복을 내리고 너를 저주하는 자에게는 내가 저주하리니 땅의 모든 족속이 너로 말미암아 복을 얻을 것이라 하신지라(창 12:3).

누군가 아브라함을 축복하면 오히려 그 사람이 축복받고, 반대로 아브라함을 저주하면 저주한 그 사람이 저주를 받게 됩니다. 이것이 바로 복의 근원이 되고 복덩어리가 된다는 의미입니다. 하나님이 일방적으로 아브라함 편만 드시는 것처럼 보이지만, 이 말씀의 원래 의미는 우리 생각과 전혀 다릅니다.

아브라함은 자신의 식솔들을 데리고 약속의 땅으로 출발합니다. 하나님의 부르심을 받은 순간부터 그는 복덩어리로서의 삶을 살아야 합니다. 만약 아브라함이 그렇게 살았다면 만나는 사람마다 그를 이렇게 칭찬해야 합니다.

"와, 하나님을 따르는 사람은 뭔가 달라도 다르군요!"
"당신을 보니까 당신의 하나님이 어떤 분인지 궁금해지네요."
"저 사람은 우리랑 사는 방식이 전혀 달라! 정말 훌륭해!"
"지금까지 그랬던 것처럼 당신의 삶이 더 깨끗하고 정결하고 아름답기를 기대합니다!"

이렇게 아브라함을 칭찬하다 보면 자연스럽게 그의 삶도 본받게 됩니다. 아브라함을 축복하다가 오히려 축복을 받는 것입니다. 이것이 바로 아브라함을 통해 하나님의 복이 열방으로 흘러가는 방식입니다.

반대로 아브라함이 부르심에 합당하게 살지 않으면 어떻게 될까요? 아마도 아브라함의 주변 사람들은 그에게 이렇게 말했을 것입니다.

"하나님을 따른다면서 어떻게 그런 짓을 할 수 있느냐?"

"하나님 믿는다는 게 그런 거냐? 네 하나님은 그렇게 하라고 가르치더냐?"

"난 절대로 네가 믿는 하나님 따위 믿지 않을 거야!"

이런 상황에서 주변 사람들이 아브라함을 통해 하나님을 만날 수 있을까요? 비난과 저주의 대상을 본받으려고 할 사람이 세상 천지에 어디 있겠습니까? 결국 아브라함을 저주하는 사람들은 아브라함 때문에 하나님을 알고 그분을 만나는 복을 누리지 못하는 '저주'를 받게 됩니다. 이것이 '복의 근원이 된다'는 것의 본래 의미입니다.

그래서 창세기 12장 이후의 내용을 살펴보면 아브라함과 이삭과 야곱과 요셉 같은 이스라엘 족장들 모두 '브라카'의 삶을 살았음을 발견할 수 있습니다.

누가 주의 뜻을 따라

이사야 6장에는 선지자 이사야가 하나님의 보좌 앞에서 열리는 '어전회의'를 목격하는 장면이 기록되어 있습니다.

¹ 웃시야 왕이 죽던 해에 내가 본즉 주께서 높이 들린 보좌에 앉으셨는데 그의 옷자락은 성전에 가득하였고 ² 스랍들이 모시고 섰는데 각기 여섯 날개가 있어 그 둘로는 자기의 얼굴을 가리었고 그 둘로는 자기의 발을 가리었고 그 둘로는 날며 ³ 서로 불러 이르되 거룩하다 거룩하다 거룩하다 만군의 여호와여 그의 영광이 온 땅에 충만하도다 하더라 ⁴ 이같이 화답하는 자의 소리로 말미암아 문지방의 터가 요동하며 성전에 연기가 충만한지라 ⁵ 그때에 내가 말하되 화로다 나여 망하게 되었도다 나는 입술이 부정한 사람이요 나는 입술이 부정한 백성 중에 거주하면서 만군의 여호와이신 왕을 뵈었음이로다 하였더라 ⁶ 그때에 그 스랍 중의 하나가 부젓가락으로 제단에서 집은 바 핀 숯을 손에 가지고 내게로 날아와서 ⁷ 그것을 내 입술에 대며 이르되 보라 이것이 네 입에 닿았으니 네 악이 제하여졌고 네 죄가 사하여졌느니라 하더라(사 6:1-7).

선지자 이사야는 본문 1-3절에서 보좌에 앉으신 하나님의 위엄과 영광을 이야기하고, 주님의 존전 앞에서 날갯짓을 하며 거룩하신 하나님을 찬양하는 스랍천사들의 모습을 설명합니다.

그리고 4-7절에서는 죄와 부정함 때문에 절망하던 이사야를 하나님이 용서하고 거룩하게 하셔서 하나님의 어전회의에 참여하게 하시는 장면을 보여 줍니다. 이때 이사야는 한탄하듯 말씀하시는 주님의 음성을 듣게 됩니다.

⁸ 내가 또 주의 목소리를 들으니 주께서 이르시되 내가 누구를 보내며 누가 우리를 위하여 갈꼬 하시니 그때에 내가 이르되 내가 여기 있나이다 나를 보내소서 하였더니(사 6:8).

하지만 조금 전까지 화려한 에어쇼를 펼치며 하나님을 찬양하던 수많은 천사는 아무 반응도 하지 않습니다. 하나님이 말씀하시면 즉각 순종하는 천사인데, 그 누구도 "제가 가겠습니다"라고 선뜻 나서지 않습니다. 복음을 전하는 것은 오직 사람만이 할 수 있기 때문입니다.

그 순간 한탄하며 보낼 사람을 찾으시는 주님의 음성 앞에 한 사람이 손을 번쩍 듭니다. 이사야였습니다.

"주님, 제가 여기 있습니다. 저를 보내 주십시오."

그러자 주님이 이렇게 말씀하십니다.

⁹ 여호와께서 이르시되 가서 이 백성에게 이르기를 너희가 듣기는 들어도 깨닫지 못할 것이요 보기는 보아도 알지 못하리라 하여 ¹⁰ 이 백성의 마음을 둔하게 하며 그들의 귀가 막히고 그들의 눈이 감기게 하라 염려하건대 그들이 눈으로 보고 귀로 듣고 마음으로 깨닫고 다시 돌아와 고침을 받을까 하노라 하시기로 ¹¹ 내가 이르되 주여 어느 때까지니이까 하였더니 주께서 대답하시되 성읍들은 황폐하여 주민이 없으며 가옥들에는 사람이 없고 이 토지는 황폐하게 되며

12 여호와께서 사람들을 멀리 옮기셔서 이 땅 가운데에 황폐한 곳이 많을 때까지니라 13 그중에 십분의 일이 아직 남아 있을지라도 이것도 황폐하게 될 것이나 밤나무와 상수리나무가 베임을 당하여도 그 그루터기는 남아 있는 것같이 거룩한 씨가 이 땅의 그루터기니라 하시더라(사 6:9-13).

주님은 지금은 사람들의 귀가 어둡고 눈이 감겨 있고 마음이 굳어져서 이사야가 전하는 메시지를 깨닫지 못하고 알지 못할 거라고 말씀하십니다. 그리고 사람들이 포로로 끌려가서 성읍이 황폐하게 될 때까지 그 상태가 계속될 거라고 말씀하십니다.

이는 지금도 그러합니다. 악해질 대로 악해진 세상은 우리가 전하는 말을 들으려 하지 않습니다. 복음에 반응하는 것은 둘째 치고 아예 알아듣지도 못합니다. 복음을 전해 주면 그저 손가락질하고 비웃을 뿐입니다.

하지만 주님은 마지막 소망의 씨앗을 남겨 놓으셨습니다. 본문 13절에 기록된 것처럼 아무도 복음을 들으려 하지 않고 무시하는 시대에도 거룩한 씨가 그루터기처럼 남아 있다고 말씀하십니다. 하나님이 남겨 놓으신 거룩한 씨앗들이 있다는 말입니다. 아브라함으로부터 시작되었고 우리에게도 여전히 유효한 복의 근원으로서의 하나님을 보여 주고 그분의 사랑을 발휘할 대상이 세상 어딘가에서 저와 당신을 기다리고 있다는 것입니다.

예수님을 주인 삼은 자들이
세상을 바꾼다

하나님이 '브라카'의 직분을 맡겨 주셨지만, 사실 아브라함은 자기밖에 모르는 이기적이고 탐욕스러운 인간이었습니다. 창세기 12장에서 하나님을 만나지 않았다면, 셈의 족보에 한 번 언급되고 사라질 존재였습니다(창 11:26). 하지만 일방적으로 찾아오신 하나님 덕분에 그는 개인과 민족의 차원을 넘어 열방을 담당하는 놀라운 복의 근원이 되었습니다. 이와 같이 하나님이 찾아오시면 개인과 공동체는 물론 세상이 변화되는 길까지 열립니다.

그렇게 되려면 반드시 하나님이 우리 인생의 주인이 되셔야 합니다. 복의 근원으로 사는 사람은 '잃어버린 동생'을 찾아 끊임없이 복을 나눠 주며 나아가야 합니다. 안전하고 익숙한 곳을 떠나 낯설고 예측할 수 없는 곳으로 계속해서 나아가야 합니다. 안전하고 익숙한 곳이란 무엇입니까? 자신의 편안함과 유익을 한껏 추구할 수 있는 삶을 말합니다. 자신이 인생의 주인이자 기준인 삶입니다. 낯설고 예측할 수 없는 곳이란 무엇입니까? 자신을 믿을 수 없는, 그래서 오직 하나님만 신뢰하고 따라갈 수밖에 없는 삶입니다. 보이지 않지만 흔들리지 않는 진리가 되시는 하나님을 바라볼 때 우리는 그것 없이 살 수 없을 것 같던 모든 것에서 자유하게 될 것입니다.

왜 '자유하게'라는 단어를 사용했는지 아십니까? 우리가 '내 것'이라고 목을 매는 것들이 사실은 우리의 소유물이 아니라 주인 노릇을 하기 때문입니다. 내 것을 잃어버릴 것 같아서 하지 못하고, 내 것을 지키기 위해 그만두고, 내 것을 이루기 위해 희생하며 살아가는 자기 자신을 생각해 보십시오. 그것이 정말 주인의 모습입니까? '내 것'을 주인 삼아 그것을 위해 살아가는 종이 된 것은 아닙니까? 만약 그렇다면 우리는 종이 되기 위해 열심히 애쓰고 노력하며 살아온 셈이 됩니다.

주인은 자신이 가진 것을 필요할 때 언제든 사용하거나 포기하고 버릴 수 있습니다. 그래서 주님은 우리에게 복의 종이 되지 말고 주인이 되어 열방에 넘치게 나눠 주라고 말씀하십니다. 그 말씀에 전적으로 순복한 분이 바로 예수 그리스도이십니다.

> ⁶ 그는 근본 하나님의 본체시나 하나님과 동등됨을 취할 것으로 여기지 아니하시고 ⁷ 오히려 자기를 비워 종의 형체를 가지사 사람들과 같이 되셨고 ⁸ 사람의 모양으로 나타나사 자기를 낮추시고 죽기까지 복종하셨으니 곧 십자가에 죽으심이라(빌 2:6–8).

이 본문에서 사도 바울은 예수 그리스도가 이 땅에 오시기 위해 무엇을 포기했는지 보여 주고 있습니다. 주님은 하나님의 자리를 포기하셨고, 하나님의 영광과 능력을 포기하셨고, 창조자의 권리를 포기하셨고, 자신의 생명까지 포기하셨습니다.

주님은 하나님 아버지의 뜻을 받들기 위해 모든 것을 내놓으셨습니다. 이것은 진정한 주인만이 할 수 있는 일입니다. 종처럼 매여 있는 자는 결코 그렇게 할 수 없습니다.

그러므로 진정한 주인이신 예수 그리스도를 주님으로 인정하고 섬길 때 우리는 우리의 주인이 될 수 없는 (하지만 주인으로 섬기며 살았던) 것들로부터 자유하게 될 것입니다.

주님이 주인 되시려는 참된 이유

저는 이 책을 읽는 당신이 열방에 복을 전하는 믿음의 삶을 살기 원한다고 믿습니다. 우리 모두 복덩어리이며 브라카이기 때문입니다. 우리 모두를 통해 하나님이 열방에 복 주실 것이기 때문입니다. 우리가 "네가 주인노릇했던 자리를 떠나 내가 주인이 될 자리로 가라"는 명령에 순종할 때, 즉 주님이 우리 신앙과 삶의 주인이 되실 때, 열방이 하나님 나라로 회복되고 변화되는 그분의 꿈이 성취될 것입니다. 이것이 예수님이 우리의 주인이 되시려는 진정한 목적이며, 그 어떤 것에도 견줄 수 없는 아름답고 놀라운 비전입니다. 그때 우리는 물이 바다를 덮는 것처럼 여호와의 영광을 아는 것이 온 땅에 가득하고, 각 나라와 족속과 백성과 방언에서 나온 셀 수 없이 많은 사람이 흰옷을 입고 손에 종려 가지를 들고 보좌 앞과 어린양 앞에서 찬양하는 장면을 목도하게 될 것입니다(합 2:14; 계 7:9).

이것이 우리를 향한 하나님의 부르심입니다. 또한 주님을 위해 모든 것을 버린 자들이 누리게 될 만족이며 보상입니다(막 10:28). 잃어버린 동생을 찾은 아버지의 영원한 잔치 가운데 들어갈 것이기 때문입니다.

> 23 그리고 살진 송아지를 끌어다가 잡으라 우리가 먹고 즐기자 24 이 내 아들은 죽었다가 다시 살아났으며 내가 잃었다가 다시 얻었노라 하니 그들이 즐거워하더라(눅 15:23-24).
>
> 32 이 네 동생은 죽었다가 살아났으며 내가 잃었다가 얻었기로 우리가 즐거워하고 기뻐하는 것이 마땅하다 하니라(눅 15:32).

이 잔치의 핵심은, 형이 잃어버린 동생을 찾은 것으로 기뻐하며 즐거워할 때 아버지 하나님이 온전히 회복된 관계 안에서 영광을 받으시는 것입니다. 그래서 브라카의 삶을 사는 것은 특권이며 자랑이 됩니다. 내가 복을 누리는 것으로 세상이 복을 받고, 그것을 통해 하나님이 영광을 받으시는 이 놀라운 역사가 때마다 순간마다 일어나기를 기도합니다.

깨어진 관계와 질서가 회복되고 만물이 제자리를 찾는 때가 반드시 이를 것입니다. 그 시작은 예수 그리스도가 주인 되실 때입니다. 예수 그리스도가 머리 되시고 기준 되시며 참 만족의 근원이심을 온전히 깨닫고 그 앞에 무릎 꿇을 때입니다.

예수가 주인이시다

지은이   권기호

2015년 1월 19일 1판 1쇄 펴냄
2015년 9월 10일 1판 2쇄 펴냄

펴낸곳   도서출판 예수전도단
출판 등록   1989년 2월 24일 (제2-761호)
주소   경기도 고양시 일산동구 호수로 340-11, 301호 (백석동)
문의   전화 031-901-9812 · 팩스 031-908-9986
전자우편   publ@ywam.co.kr
홈페이지   www.ywampubl.com

ISBN 978-89-5536-458-3

책값은 뒤표지에 있습니다.
잘못된 책은 바꾸어 드립니다.